MINISTÈRE DE LA MARINE ET DES COLONIES

DROITS DE PATRONAGE DU PORTUGAL

EN

AFRIQUE

MEMORANDA

LISBONNE

IMPRIMERIE NATIONALE

1883

MINISTÈRE DE LA MARINE ET DES COLONIES

DROITS DE PATRONAGE DU PORTUGAL

EN

AFRIQUE

MEMORANDA

LISBONNE
IMPRIMERIE NATIONALE
1883

PREMIER MÉMOIRE

1) Le Gouvernement Portugais ayant appris que, par initiative ou autorisation de la S. C. de la *Propaganda fide*, il avait été décreté et établi, sans audience, communication ou accord du même Gouvernement, et indépendamment de sa juridiction et de celle des prélats respectifs, certaines circonscriptions ecclésiastiques sous le titre et la forme de préfectures, vicariats, pro vicariats et centres de mission apostolique, sur les territoires africains du patronage portugais : — ne peut faire moins que de réclamer, comme il le fait actuellement, contre l'établissement de pareilles circonscriptions en général, comme positivement contraire au droit consacré et maintenu dans les relations entre le dit Gouvernement et le Saint-Siége, et aux nombreux diplômes pontificaux qui ont reconnu et garanti l'exercice et la juridiction du patronage portugais, et également comme offensif pour la souveraineté et la domination du Portugal en Afrique.

2) Et en se réservant de définir et développer, en temps et lieu, cette réclamation, relativement à chacune des susdites circonscriptions ecclésiastiques, décrétées, projetées ou établies, le même Gouvernement entend devoir, d'ors et déjà, réclamer d'une manière particulière et déterminée par devant le Saint-Siége contre l'établissement du *centro di missione* du Congo et de la préfecture apostolique de la Cimbébasie, comme portant atteinte aux droits et limites et à la juridiction du diocèse d'Angola et de Congo, ainsi qu'à la souveraineté du Portugal, sur tous ou partie des territoires, confiés à son action et à sa juridiction spirituelle.

3) Le Portugal, ayant fondé et constamment encouragé, aidé et soutenu la propagation de la foi et de la civilisation chrétienne dans l'Afrique équatoriale, et ayant en grande considération ces titres du droit de patronage qu'il a conquis et que le Saint-Siége lui a toujours reconnus dans la dite région, le Portugal, disons-nous, ne désire, ni n'entend mettre obstacle à la propagation de l'évangile sur les territoires qui, indirectement et contre droits acquis, ont été invalidement détachés de sa juridiction et de son patronage légitimes par l'établissement de ces circonscriptions ou d'autres analogues.

C'est simplement parce qu'il a eu honneur de n'avoir jamais démérité de la glorieuse situation de protecteur qu'il a su conquérir en Afrique, au prix de beaucoup de sang, de travail et de frais, ainsi que l'ont reconnu de nombreux pontifes, qu'il ne peut consentir à l'usurpation de ces territoires, et à l'établissement d'une juridiction étrangère et indépendante de la spiritualité et de l'autorité diocésaine portugaise dans les limites de son patronage et de sa domination.

4) Le Gouvernement Portugais, réclamant aujourd'hui, particulièrement, contre la création des circonscriptions et missions indépendantes au nord, à l'est et au sud du diocèse d'Angola et Congo, lesquelles envahissent et attaquent les limites de ce diocèse, ainsi que celles du patronage et de la domination du Portugal, nous indiquerons en résumé quelques uns des faits et des motifs principaux qui établissent et justifient cette réclamation.

5) Consacré depuis le vi^e siècle et défini par le Concile de Trente qui considéra son extinction injuste et par conséquent nulle — *legitima patronatum jura tollere aequum non est* — le droit de patronage fut clairement reconnu au Portugal (et il ne pouvait en être autrement), en ce qui concerne les terres d'Afrique conquises par les Portugais, par la bulle de Sixte IV du 21 août 1472, et pour tous les territoires d'outremer découverts ou à découvrir à partir des caps Bojador et Nam, par la bulle du 7 juin 1514 et la pastorale du 31 mars 1516, de Léon X, ainsi que l'oracle ou la déclaration de Grégoire XIII du 11 octobre 1577.

6) Déjà auparavant, Eugène IV ayant confirmé à l'ordre du Christ, par sa bulle du 9 janvier 1442, la juridiction spirituelle sur certaines conquêtes africaines, Calixte III avait déclaré que cette juridiction s'étendrait à toutes les découvertes d'outremer, par sa bulle du 13 mars 1455, ce qui fut successivement et expressément corroboré par Sixte IV dans la bulle du 21 juin 1481, e par Léon X dans la bulle précitée du 7 juin 1514.

Il sera inutile de rappeler la bulle du 12 juin de cette dernière année, qui transféra à l'évêché de Funchal cette juridiction, confié jusqu'alors au vicaire de Thomar, et également celle de Jules III, le 30 décembre 1550, qui incorpora à la couronne les maîtrises des ordres militaires portugais, dont elle possédait d'ailleurs le patronage, ainsi que le reconnut la bulle du 30 juin 1516.

Cette question du patronage séculaire du Portugal dans les régions d'outremer ne présente aucun doute ; elle est claire, historiquement définie et éclaircie depuis longtemps.

Non seulement le Saint-Siége a toujours reconnu ce patronage, mais encore par l'organe, l'inspiration, et la science de Paule IV à l'occasion de l'érection de l'évêché de Cochim, dans la bulle du 4 février 1557 (pour ne pas citer d'autres diplômes), ce droit fut déclaré si certain et irréfutable, que le Saint-Siége lui même ne pourrait le déroger en aucune époque et pour aucun motif : *Jus patronatus... ex meris fundatione et dotatione competere (regi Sebastiano) nec illi ullo unquam tempore quacumque ratione derogari posse.*

8) Il y a cependant lieu de remarquer que, suivant le droit constant, expressément défini dans les bulles des 25 février 1550, 4 février 1557, 23 janvier 1575, 20 mai 1595, 4 août 1600, 16 novembre 1676, 30 août 1677, 10 avril 1690, 4 mars 1719, sans parler de la pastorale du 22 septembre 1670, des écrits consistoriaux des 19 février 1588 et 9 janvier 1606, et de bien d'autres documents parfaitement explicites sur la question, les droits du patronage portugais ne peuvent être altérés ou abrogés, en aucune époque et sous aucun prétexte, ni même consistorialement, sans l'accord ou la sanction du Portugal.

Ce droit est perpétuel, il se conserve intégralement et tout acte portant atteinte à son intégrité et à son existence est nul, inefficace et non avenu.

9) Quand même la circonstance de dotation, un des titres qui constituent ce droit, d'après le Concile de Trente, ne pourrait entièrement et éventuellement se produire sur l'un ou l'autre point du patronage portugais, pareil fait ne saurait encore invalider ce droit ni la condition essentielle et absolue de l'assentiment du *patron* pour toute altération ou dérogation du patronage.

Cela est positif et évident, et le Saint-Siége, lui même, reconnaissant la possibilité de la circonstance sus-indiquée, décréta des impôts et des secours pour venir en aîde au *patron,* en cas de besoin, comme on voit, par exemple, dans la bulle de Jules II, en date du 12 juillet 1505.

10) Il est certain aussi que l'occupation ou domination effective, directe et permanente de l'état portugais n'a jamais été, et n'est point une condition pour l'exercice, le droit ou la survivance du patronage.

Celui-ci peut aller, et va au-delà de la domination, et même du droit de souveraineté temporelle.

Il existe et s'exerce, il a toujours existé et été exercé hors d'eux.

Cette vérité, dérivée de la tradition antérieure au Concile de Trente, de la définition de celui-ci, des déclarations et diplômes pontificaux subséquents, et de l'histoire de nos jours, a été expressément reconnue et déterminée par la congrégation de la *Propaganda fide*, par décision du 9 novembre 1626.

C'est d'ailleurs un droit acquis et reconnu entre le Portugal et le Saint-Siége, comme il a été dit plus haut, que jamais et sous aucun prétexte, le droit de patronage ne pourra être altéré ou dérogé, sans l'audience, le concours ou l'accord du Gouvernement Portugais.

11) On ne saurait trop insister encore sur cette dernière condition, qui se résume définitivement en un principe rudimentaire et essentiel de tout droit public et privé, et en une affirmation naturelle et irréfutable de la souveraineté et de la légitimité, *ex jure communi*, des pouvoirs qui ont fixé entre eux l'exercice du droit de patronage que le Portugal a su acquérir par ses découvertes, ses conquêtes et ses fondations.

C'est pour cela qu'une bulle du 31 janvier 1533 et d'autres diplômes émanés du Saint-Siége, établissent positivement que, pour démembrer tout territoire d'un diocèse du patronage, l'assentiment du *patron* est indispensable ; or il vient à propos de rappeler ce principe, lorsqu'il s'agit d'un véritable démembrement des diocèses portugais d'Afrique, tel que celui qui a été irrégulièrement tenté et autorisé par les circonscriptions missionaires, contre l'établissement desquelles le Gouvernement Portugais réclame en cette occasion.

12) Après avoir exposé sommairement ces faits, passons actuellement en revue les diocèses régulièrement organisés, en ne tenant compte, pour le moment, que de ceux du patronage portugais en Afrique.

Diocèse de Funchal : — Créé à la requête du Portugal par la bulle de Léon X, du 12 juin 1514, et déclaré par elle et par une autre de la même date, comme appartenant au patronage portugais, ce diocèse a commencé par comprendre les régions découvertes à partir du cap Bojador.

D'après la bulle du 8 juillet 1539, il fut composé de l'archipel de Madère et du territoire qui s'étendait depuis l'évêché de Safim jusqu'au fleuve Sénégal, extrême limite africaine déjà déterminée par la bulle du 25 août 1536, etc.

Diocèse de Cap Vert : — Créé et reconnu comme relevant du patronage royal par l'écrit consistorial et la bulle de Clément VII du 31 janvier 1533, ainsi que par la bulle du 25 août 1536. Il comprenait l'archipel du Cap-Vert et 350 lieues de pays continental depuis la Gambie jusqu'au fleuve Saint-André (cap des Palmes), par corruption Sassandre des cartes modernes anglaises, à 4° 57' lat. N.

Diocèse de S. Thomé (Saint-Thomas) : — Créé et reconnu comme appartenant au patronage portugais par l'écrit consistorial du 31 janvier 1533 et la bulle de Paule III du 3 novembre 1534.

Il était formé des îles Saint-Thomás et du Prince, Fernando Pô, Anno Bom, Sainte-Helène, et, sur le continent, du territoire compris depuis le fleuve Saint-André jusqu'au cap des Aiguilles *(Lagullas* ou *Lagulhas* des cartes anglaises), situé à 34° 49' 46'' latit. S. et 29° 7' 46'' long. E. Il comprenait la *Mina* et le *Congo*. C'est de ce diocèse qu'a été distrait le :

Diocèse d'Angola et Congo : — Dont nous nous occuperons plus loin.

Diocèse de Moçambique : — Démembré de l'archévêché de Goa, à la demande du Portugal, et érigé en prélature par la bulle du 21 janvier 1612, avec le territoire continental et insulaire, s'étendant du cap de Bonne Espérance au cap Guardafuy, et comprenant (notons-le bien), les territoires de Mombaça, Zanzibar, Sofalla, Sena, Tete et le Zambeze (Cuama, selon la bulle).

13) Avant de parler du diocèse d'Angola et Congo, qui nous occupe particulièrement en cette occasion, remarquons de suite que les diplômes pontificaux, tout en spécifiant les points extrêmes des limites sur le littoral, ne fixent point de bornes du côté de l'intérieur du pays et par là ils consignent implicitement au patronage, comme c'était naturel et logique, la conquête des régions intermédiaires aux deux littoraux qui lui appartenaient entièrement ; et cela avec d'autant plus de raison, que le Portugal avait commencé la conquête et la propagation de la foi chrétienne dans ces contrées.

Le Saint-Siège ne pouvait d'ailleurs établir (et le fait est qu'il n'a pas établi) des réserves ou des restrictions à ce sujet, lui qui avait reconnu pleinement et spontanément au Portugal le droit de patronage de toutes les régions découvertes ou à découvrir, en vertu des services par lui rendus à l'Église et à la civilisation chrétienne, comme nous l'avons déjà indiqué, et ainsi que le déclarent encore la bulle de Nicolas V du 8 janvier 1454, les pastorales de Léon X du 7 juin 1513 et du 11 mai 1514, celles de Jules III du 13 février 1550, de Grégoire XIII du 15 octobre 1577, une épître de Pie V du 11 octobre 1567, ainsi qu'un grand nombre d'autres documents analogues.

Il est certain qu'aucune réserve ni restriction n'a été faite, et cela se voit parfaitement, non seulement en présence du texte claire et loyal des diplômes précités, mais encore des encouragements et recommendations successivement adressés au Portugal, à ses vassaux africains et aux missionaires et prélats du patronage portugais, les invitant à continuer la propagation de l'évangile dans l'intérieur du pays et la conversion des peuplades.

En outre, la souveraineté politique du Portugal, son occupation et sa domination, n'ayant pas été et n'étant pas limitées du côté de l'intérieur, et cette limitation ne pouvant se faire sans l'accord ou l'assentiment du Gouvernement Portugais, il était naturel que toute idée de limitation ou de démembrement du patronage africain, de ce côté, fût subordonné à la nécessité d'un accord avec le *patron* légitime, ainsi que le stipulent les bulles précités des 31 janvier 1533, 4 février 1600, 9 janvier 1606, etc., et ce, avec d'autant plus de raison que, d'après la bulle du 30 décembre 1550, le Roi de Portugal est, non seulement le protecteur de toutes les églises d'outremer, mais encore il en a la juridiction, en sa qualité de grand-maître de l'ordre du Christ.

Comme conclusion, le patronage portugais en Afrique n'est ni restreint, ni limité du côté de l'intérieur du pays. Il ne peut se restreindre ni se démembrer sans le consentement du Portugal.

Il ne subit, de ce côté, aucune solution de continuité de juridiction et de droit. Il y a plus ; ses titres de première découverte, de première propagation évangelique et fondation chrétienne, subsistent toujours en ce qui concerne ces mêmes régions intérieures, ainsi qu'il a été démontré à plusieurs reprises.

Cela même était clairement indiqué dans les cartes qui accompagnaient un mémoire écrit en italien sur le patronage portugais, présenté à Benoît XIV, et traduit et publié en Portugal en 1843.

Nous pourrions nous étendre beaucoup plus sur ce point, s'il était essentiel pour le cas particulier qui nous occupe, c'est-à-dire, l'invasion ou la tentative d'invasion et de démembrement de notre diocèse d'Angola et Congo.

14) En nous conservant sur le terrain où nous nous sommes maintenus jusqu'ici, nous nous abstiendrons de faire la narration et la critique des faits qui ont précédé et créé notre droit de souveraineté et de patronage sur les territoires composant le diocèse d'Angola et Congo, puisque ce droit n'a jamais été et ne saurait être contesté par le Saint-Siége, qui au contraire l'a toujours reconnu, et y a souvent en recours.

L'évêché du Congo et d'Angola fut créé à la requête du Roi de Portugal, comme *patron* et suzerain, par la bulle de Clément VIII du 20 mai 1596, requête appuyée par le Roi qui régnait alors au Congo et dont le nom portugais et chrétien était D. Alvaro. Et nous disons à dessein que le Saint-Siége avait déféré à la requête du Roi de Portugal, à titre de protecteur et suzerain, car, ainsi que nous l'avons vu, le patronage portugais avait déjà été reconnu dans cette région ; il l'était encore par la bulle de Clément XIII, et une autre bulle de Grégoire XIII du 15 octobre 1577 reconnaissait aussi que ce royaume était le domaine et la conquête du Portugal — *tua et pro tempore existentium Regnum Portugaliae conquistae et ditione,* — ce qui d'ailleurs était démontré par des faits et documents antérieurs.

15) Avant son érection en évêché, le Congo avait été spécialement compris dans le diocèse de Saint-Thomas, par la bulle qui créa celui-ci, le 3 novembre 1534, et qui dit ce qui suit:

«Necnon ex terris, insulas et provinciis dictæ Ecclesiæ Funchalensis, alias pro ejus diœcesi assignatis, partem illam *terræ continentis Æthiopiæ seu Guineæ in Africa quæ a flumine Sancti Andreæ* nuncupato, prope Caput seu promontorium das Palmas nuncupatum, inclusive, et prout a fine diœcesis Sancti Jacobi similiter tunc a dicta Ecclesia Funchalensi dismembratæ, usque *ad promontorium de Bona Sperança et eam illius partem quæ Caput das Agulhas* nuncupabatur, protendebatur exclusive, et in qua inter alia oppidum civitas nuncupatum, Sancti Georgii Minæ auri, necnon *regnum de Congio* nuncupatum, consistebat ac prædicta Sancti Thomæ, necnon Sancti Antonii, ac de Fernando Pó, et de Sancta Helena et do Anno Bom, necnon similiter eam partem maris Oceani, quæ una ab ostio fluminis Sancti Andreæ nuncupati, prope dictum Caput Viride, versus Meridiem et alia a Capite das Agulhas prædicto, prope promontorium de Bona Sperança hujusmodi versus Occidentem, lineis, per dictum mare Oceanum directis claudebatur, ac præter supradictas alias forsan inibi adjacentes et per lineas hujusmodi interceptas tam repertas quam reperiendas insulas quæ diœcesis Funchalensis antea erant, cum omnibus et singulis illarum castris, villis, locis, districtibusque quorum omnium denominationes dictus Clemens prædecessor haberi pro expressis.»

Ce document, de même que d'autres dont nous citerons, à l'occasion, quelques uns, semblent répondre par anticipation, à certaines résolutions plus ou moins fantastiques, géographiquement parlant, sur lesquelles prétendent se fonder les circonscriptions missionaires modernes, sollicitées et projetées dans l'Afrique équatoriale, au détriment du patronage portugais.

La bulle qui créa l'évêché de Congo n'a pas indiqué, non plus, les points ou lignes extrêmes de la limitation longitudinale. D'abord, il s'agissait du démembrement d'un diocèse du patronage, celui de Saint-Thomas, fait subordonné à l'assentiment du *patron* et de l'évêque diocésain, suivant la bulle citée du 31 janvier 1533.

Et bien qu'en principe général, le Pape dût fixer la circonscription diocésaine, en beaucoup de cas (et cela est vulgaire dans le patronage portugais) cette circonscription incombait aux prélats nationaux, et était faite d'accord avec le *patron*. Dans le cas particulier, c'est le légat du Pape qui fut chargé de ce travail, qui, il est clair, ne pouvait aucunement altérer l'étendue territoriale et juridique du patronage africain, mais seulement intéresser l'économie interne du diocèse.

En second lieu, la bulle d'érection stipulait expressément que le nouveau diocèse se composerait des royaumes de Congo et Angola dont les limites étaient suffisamment connues à Rome et au Saint-Siége; c'est pourquoi il y a lieu de considérer plus définie et d'un caractère plus positif et formel, la limitation de ce diocèse, sans préjudice de la reconnaissance générale et absolue du droit de patronage portugais, au-delà d'elle.

La bulle de 1596 dit:

«Sane, cum sicut ex insinuatione clarissimi in Christo filii nostri Philippi, Hispaniarum ac Portugalliæ et Algarbiorum Regis Catholici, nobis nuper facta, accepimus in toto vastissimo et amplissimo regno Congi et Angolæ in Æthiopia nulla in cathedralem ecclesia adhuc erecta, ipsumque regnum sub diœcesi Sancti Thomæ existat, et ob maximum itineris longitudinem et sacerdotum penuriam, qua dictum regnum (in quo triginta millia oppida circiter connumerantur) laborat, pro tempore existens episcopus nequaquam perferre valeat, in eodem autem regno, oppidum Sancti Salvatoris admodum insigne et primarium, ac in illo parochialis ecclesia, sub invocatione ejusdem Sancti Salvatoris, etiam existat, necnon oppidum et parochialis ecclesia hujusmodi omnes qualitates requisitas ita abunde habeat, ut merito in civitatem et in cathedralem respective erigi possint et debeant........
. . . .

«... oppidum Sancti Salvatoris ac regnum Congi et Angolæ prædicta cum omnibus et singulis illius, oppidis, castris, villis, locis, districtibus, ac cleris, personis, ecclesiis, monasteriis, prioratibus, præposituris, et aliis piis locis ac beneficiis ecclesiasticis, cum cura et sine cura, sæcularibus et quorumvis Ordinum regularibus, a prædicta diœcesi Sancti Thomæ... perpetuo separamus et dismembramus, etc.»

Il est donc déterminé, d'une manière claire et irréfutable, que le nouveau diocèse du patronage sera composé de tout le vaste et immense royaume de Congo et d'Angola, et non seulement la bulle elle-même indique sommairement une certaine connaissance de l'étendue territoriale de ces royaumes où il existerait, dit-elle, trente mil peuplades, mais encore cinq ans à peine, auparavant, on publiait à Rome un ouvrage fort important: *Relatione del reame di Congo et delle circonvicine contrade, tratta dalli scritti et ragionamenti di Odoardo Lopez Portoghese, per*

Filippo Pigafetta, qui éclairait largement la question des limites, et l'étendue des territoires du royaume de Congo et ses dépendances. Duarte Lopes était un ambassadeur envoyé par le Roi de Congo en Portugal et à Rome.

Il avait vécu et voyagé longtemps dans cette région, et le livre qui rapporte ses minutieuses nouvelles fut dressé à l'ordre de Antonio Migliore, évêque de Saint-Marc et commandeur de l'Esprit-Saint. Des relations avaient déjà été établies, auparavant, entre le Saint-Siége et ce pays, vassal du Portugal.

Le représentant portugais avait présenté à Léon X une ambassade do Roi Alphonse, du Congo, de laquelle faisait partie un fils do Roi africain, D. Henri, que le Pontife, à la demande du Roi de Portugal, fit évêque d'Utique, *in partibus,* par la pastorale du 3 mai 1518.

Dans une autre pastorale du 5 mai 1535, nous voyons Paul III féliciter le Roi de Congo pour le progrès religieux dans cet État.

17) Quand bien même, de plein droit, il ne ressortirait pas de tous les documents pontificaux sus-cités, ainsi que des faits connus et incontestables de première découverte, fondation et propagation évangélique que le patronage portugais dans l'Afrique équatoriale n'est pas limité et ne peut subir de dérogation ni d'interruptions du côté de l'intérieur du pays, sans l'assentiment et l'audience du Gouvernement Portugais, il serait également incontestable que les limites du diocèse d'Angola et de Congo ne pourraient être reculées d'un côté ou de l'autre, sans l'accord du *patron,* comme elles le sont évidemment par les circonscriptions, préfectures apostoliques ou *centres de mission,* dits *du Congo* et *de la Cimbébasie,* qui prétendent réduire la zone du patronage à une étroite bande de terrain, bornée au nord par la rive sud du Zaïre (cours inférieur), au sud par le Cunene, et à l'est par le Quango, en partie, en lui retranchant encore une portion considérable de ce côté.

Examinons les limites que l'ouvrage précité fixe au Congo proprement dit :

«Á l'occident ou du côté de la mer :

«... cominciãdo dal maritimo lato nasce egli nel seno detto delle Vacche il quale stà in altezza di 13 gradi alla parte dell'Antartico e per la costa in Tramontana finisce in 4 gradi et mezzo, presso l'Equinottiale, che sono di 630 miglia.» (Italiennes.)

En parcourant du sud au nord divers points de la côté, il arrive à la baie de *Alvaro Gonsalves* (sic), et termine ainsi :

«Et più altre sono monti e liti non degni di memoria in fino al capo da Portoghesi detto *Caterina* che è il confine verso l'Equinottiale del regno di Congo, distante dalla linea dall'Equinottiale du gradi et mezzo, che fanno 150 miglia d'Italia.»

Sans nous occuper, pour le moment, de la limite sud do Congo, qui, pour le cas particulièr, n'a pas d'importance, nous remarquerons à peine que le *Capo Caterina*, ou pour mieux dire le cap de Sainte-Catherine, découvert et ainsi nommé par João Sequeira en 1464, se trouve situé à 1° 52' lat. S., c'est-à-dire, encore plus de 3° au nord de la limitation actuelle de la domination portugaise, et un peu au sud du cap de Lopo Gonsalves (par corruption Lopez, sur les cartes modernes), limite historique de notre souveraineté.

Au nord:

«Hor dal capo di Caterina incomincia inverso Tramontana l'altro côfine et lato del regno di Congo, et per Levante arriva al congiungemento del fiume Vumba col Zaire con la distanza di più di 600 miglia.»

D'après le développement de cette indication, au point extrême oriental, le royaume de Congo est séparé, par le fleuve de ce nom, de la région ou peuplade des *Anzicos* ou *Anzicana*.

Quel est ce peuple, ou quel est le fleuve *Vumba?*

Barros appelle ces peuplades *mundaquetes*, et Duarte Lopes *(apud* Pigafetta) dit que: «*dirittamente sono chiamati da Portoghesi Anziqueti».*

Duarte Pacheco les avait cités, longtemps avant lui, dans son *Esmeraldo de situ orbis* (Ms.).

Suivant l'opinion générale, corroborée par les explorations modernes, cette région des *Anzicos* ou *Anzicana*, *Nteka* ou *Grande Angeka*, suivant d'autres, est la région du *Mikoko* ou *Makoko*, récemment traversée par Brazza, et avec laquelle les portugais négociaient au XVI° et XVII° siècle, à travers le Congo, ainsi que le prouvent différents documents anciens, entre autres la *Relação que faz o capitão Garcia Mendes Castello Branco, do reino do Congo* (Ms.), que nous avons sous les yeux et qui a été écrite en 1621.

Les cartes anglaises ont corrompu *Vumba* en *Vambre. Vumba* correspond très-probablement à *Bakumbe* ou *Ba-kumba* ou *Ba-umba*, pays signalé près de Manyena, peut-être plutôt *Ba-n-yena*.

Nous n'avons pas besoin, cependant, de nous livrer à de grandes recherches géographiques, ni de suivre l'exemple des facilités fantastiques avec lesquelles on a projeté une fixation fort précise et minutieuse des circonscriptions ou préfectures apostoliques de l'Afrique centrale, pour faire comprendre que la frontière accusée par Lopes, dépasse de beaucoup la ligne imaginaire imposée comme limite au diocèse de Congo, dans l'établissement de ces circonscriptions, contre lesquelles nous réclamons.

La description du côté oriental du Congo ne permet pas de douter qu'il s'étendait bien au-delà du Quango, peut-être même du Cassai, en supposant le cours de ce dernier déterminé d'une manière aussi précise que celle qui semble avoir été indiquée à la *Propaganda Fide*. Continuons donc.

A l'est:

«Il lato dell'Oriente del regno di Congo comincia (come è detto) dal congiungimento del sudetto fiume Vumba col Zaire infino al lago Achelunda et alla contrada di Malemba con la distanza di 600 miglia. Da questa linea che si è tirata per lo confine orientali di Congo al fiume Nilo (Lualaba?) et alli due laghi... è la distanza di 150 miglia di terreno molto habitato.

«Il predetto lato dunque chinde in verso ponente il regno di Congo dal quale con linea egualmente distante più ad oriente 150 miglia scorre il Nilo (Lualaba?) serrando una contrada... posseduta da signori diversi alcuni obdienti al Prete Gianni *altri al Rè Moenemugi*... in che non habbe da notare altro se non che affermana, dal Nilo in verso ponente li populi traficare nel regno di Congo et nelle riviere del suo mare et quei di la in Oriente andare per li reami di Moenemugi infino al pelago di Mombaza et di Moçambiche.»

Nous savons aujourd'hui que le *Moenemugi* de Lopes, ou le *Munimuçi* de frère João dos Santos *(Eth. orient. 1609)* est l'Unyanmesi ou l'Ounyamoesi des explorateurs modernes.

La description faite par Lopes de la province la plus orientale du Congo, *che si dice* Batta, confirme d'une manière plus caractéristique ce que nous avons dit plus haut, et par conséquent l'erreur de la limitation attribuée au diocèse du Congo par les initiateurs de la préfecture ou centre de mission, qui prend ce même nom.

«Li confini di questa contrada inverso settentrione sono il paese di Pango et il levante prende al traverso il fiume Barbella et giunge alli Monti del Sole et alle radici delle montagne del salnitro et verso mezzo giorno dalle dette montagne con una linea passante per lo congiungimento del fiume Barbela et del Cacinga infino al monte bruciato......
....
.... verso levante di Batta..... alle ripe del ponente et del levante del fiume Nilo et alli confini dell'imporio del Moenhe Muge viu una gente, che si chiama Giaquas da quei di Congo ma nel suo paese chiamasi Agag.............................»

Il est évident que nous avons dépassé depuis longtemps le Quango.

Au sud:

«Finisce questo lato (come è detto) nella montagna grande nomata dell'argento et iui ha principio il quarto et ultimo confine del regno di Congo inuerso mezzo giorno dalla detta montagna cioé infino al golfo delle Vacche per occidente cō lo spatio di 450 miglia, la qual linea parte il regno d'Angola.»

Quoique, en ce qui concerne Angola, il ne soit pas nécessaire de nous arrêter à des déterminations géographiques, puisque nous les possédons d'un caractère politique, parfaitement connues et actuelles, il y a lieu néammoins de remarquer que Duarte Lopes en 1591, c'est-à-dire, un peu avant la création du diocèse d'Angola et Congo, établit clairement que le domaine d'Angola s'étendait déjà à cette époque jusqu'au cap-Negro.

«Cosi dunque dal sono della vacche *in fino capo detto Negro,* per la costa dell'oceano si contano 220 miglia di paesi somigliante al descritto et posseduto da molti signori obediente al re d'Angola et dal capo nero stendesi una linea verso leuante, la quale taglia per mezzo li monti, che si chiamano Freddi, et in certi parte di loro più alte radici d'altre montagne, che si appelano del Cristallo. Da questi monti nenicati scaturiscono l'acque del lago Dumbea Zocche, et questa linea dalla montagna del Cristallo tira inanni verso Tramontana per li monti dell'argento infino à Malomba oue dicemno che si diuedeua al regno di Congo, partendo il fiume di Coari per lo mezzo. Tale è il paese dal rè d'Angola posseduto...»

Cette limitation est corroborée par la partie descriptive des provinces de Congo, et elle se trouve graphiquement déterminée sur la carte de l'ouvrage de Pigafetta, où l'on voit comme limite orientale du Congo proprement dit, le fleuve qui fait communiquer le grand lac centro-méridional avec celui que nous pourrons nommer le Tanganyka, soit à peu près le méridien 56° de cette précieuse carte consacrée à la mémoire de Sixte V.

A plus d'un titre, le document cité a une grande importance dans la question. La situation de ses auteurs, l'époque de son apparition, l'autorité incontestée qu'il a eue dans son temps et qui lui permet de rivaliser de nos jours encore, avantageusement, avec celle d'écrits modernes de même nature, sa divulgation due à de nombreuses traductions en plusieurs langues, expliquent pleinement pourquoi nous le citons en contestation des circonscriptions arbitraires récemment déterminées, d'une façon erronée et fantastique, et contre lesquelles réclame le Gouvernement Portugais. Nous ne faisons pas rigoureusement une investigation géographique; on ne peut d'ailleurs attribuer sérieusement une grande importance à la géographie africo-équatoriale sur laquelle se fondent ces circonscriptions missionaires et d'autres analogues.

En les apercevant plus ou moins géographiquement tracées sur les cartes, on croirait voir résolu le dernier problême en matière de géographie, d'hydrographie et d'orographie africaine. On pourrait se figurer que le Quango, le Cassai, le Cunene, le Zambeze, par exemple, étaient déjà aussi exactement connus et déterminés que n'importe quel fleuve européen.

La vérité est que les instigateurs et auteurs de ces projets de circonscriptions ne semblent même pas au courant des plus importants documents géographiques et historiques qui se rapportent à ces régions.

Ce n'est pas nous qui le disons; ce sont des autorités impartiales.

18) Dans une lettre du père Duparquet, chargé d'organiser la mission catholique du Congo, au supérieur de la congrégation du Saint-Esprit, lettre datée de Walwich-Bay, le 11 janvier 1879, cet illustre missionaire combat le projet de Monseigneur Lavigerie, de créer un vicariat apostolique, dit du Kebebe, et soutient que les limites de la mission du Congo doivent s'étendre, dans l'intérieur, au moins jusqu'à la rive occidentale du Cassai. Dans cette ordre d'idées, il fait observer que, suivant le témoignage des géographes, la vallée de Cassai a toujours appartenu à la région du Congo; que Walknaer, en se servant des meilleurs données fournies par les relations géographiques établissait comme limites de ce royaume, au nord les royaumes de Loango et de Micoco ou Anzico; à l'est, le Micoco et Matamba; au sud, Benguella; qu'on a toujours considéré le Congo comme situé entre le 32° et le 41° long. E., sa longueur du nord au sud étant de 560 milles et sa largeur de l'ést à l'ouest d'environ 420.

Il ajoute que cette détermination étant calculée sur le méridien de l'île de Fer, d'après lequel le 41° de long. E. est à l'est de Cassai, le Congo, même dans l'acception la plus restreinte, s'est toujours étendu jusqu'à la vallée occidentale du Cassai.

Dans une lettre de l'abbé Durand, ancien professeur-géographe de l'université catholique de Paris, en date du 29 septembre 1880, il est dit:

«Le bassin du Cassai a toujours été regardé comme partie intégrante du royaume du Congo. Ce fleuve (ajoute-t-il) se répand dans un immense lac qui s'étend entre 2° 40' e 4° 30' de lat. S., et 21° 10' e 22° 20' de long. E. de Greenwich. Ce lac Ikelemba est fréquenté par les marchands de Cassange... Suivant notre opinion, le lac Ikelemba doit être l'Aquilonda, tant cherché et jamais découvert.»

Le même illustre géographe conseillait au Portugal, *pour affermir et maintenir ses droits,* en face des travaux et projets de Stanley, de faire occuper effectivement, différents points, dont quelques uns dans la vallée de Cassai. Il y a plus encore.

Dans un document daté du 2 octobre 1880, qui doit avoir été présenté à la S. C. de la *Propaganda Fide,* par *la Congrégation, elle-même, du Saint-Esprit et du Saint-Cœur de Marie* (maison-mère), document intitulé : *Projets de limites entre les missions de l'intérieur et celles des côtes orientale et occidentale d'Afrique,* il est exposé ce qui suit :

«La mission du Congo conserverait (sic) pour limites : au nord 2° 30' latitude australe. Elles remonterait au nord-est en suivant la ligne de partage des eaux de l'Ogowe et du Zaire au Congo, puis le thalweg de ce fleuve. A l'est : elles descendrait la ligne de partage du versant oriental do Cassai, *frontière réelle, historique et indiscutable des possessions portugaises.* Elles se prolongerait jusqu'au lac Dilolo au moyen duquel le Cassai communique avec le Liba, etc.»

Et en expliquant les motifs qui, à leur avis, rendaient nécessaire l'inclusion de la vallée du Cassai dans cette mission, laquelle d'ailleurs, n'a reçu ni l'assentiment ni l'accord du Gouvernement Portugais, les missionaires du Saint-Esprit ajoutent :

«Le second motif, c'est que les portugais regardent tout ce pays comme faisant partie de leurs possessions. Distraire de la mission du Congo le territoire compris entre le Coango et le Cassait, serait exposer les missionaires à un insuccès certain. En maintenant, au contraire, la frontière du Cassai, on assure la prospérité de la mission *par la protection du Gouvernement Portugais.*»

Peu de temps auparavant, l'abbé Durand écrivait, de la société de géographie de Paris (16 septembre 1880) :

«Il faut remarquer, en effet, que le royaume du Congo s'est toujours étendu depuis l'Océan jusqu'au Cassai. Au xvi⁰ siècle il allait même plus loin que cette rivière, mais depuis le xvii⁰ siècle, les géographes ont toujours désigné cet affluent du Zaire comme frontière de ce royaume. Les anciens portugais et les portugais de notre époque ont toujours regardé et regardent le Cassai comme le véritable fleuve Zaire ou Congo. Pour cette raison il est de toute justice de laisser la vallée entière du Cassai à la préfecture apostolique du Congo. Il est une autre raison qui démontre la nécessité et la grande utilité de cette mesure. Depuis l'année 1515 le royaume du Congo est vassal du Portugal. Il l'a toujours été depuis cette époque sans interruption aucune. Par conséquent les portugais ont des droits sur toute cette région qu'ils ont toujours regardée comme faisant partie de leurs possessions. Leurs marchands la parcourent con-

tinuellement et vont faire le commerce jusqu'à Lounda, capitale du Ca-
zembe.»

Dans ce document, l'honorable géographe fulmine avec justice et
sévérité les erreurs et les mystifications de beaucoup d'écrivains et d'explorateurs modernes, qui prétendent supprimer les découvertes des portugais en Afrique et restreindre les limites de notre domination et de
notre souveraineté dans ce continent.

Il s'exprime ainsi :

«L'Afrique intérieure a été découverte et parcourue par les portugais au xvi° siècle... Les portugais de cette époque connaissaient mieux
l'intérieur de ce continent, la région des lacs, etc., qu'on ne la connaît
aujourd'hui... Levingstone a donc retrouvé seulement ce que les anciens portugais avaient découvert, et encore il s'est servi de renseignements portugais sans avoir la loyauté de le dire.»

Nous insistons à citer Durand parce que le Saint-Siége ne saurait
avoir un rapporteur plus compétent, plus loyal et moins suspect. Nous
ne faisons pas, nous le répétons, une investigation géographique.

Relativement à l'Afrique, la géographie portugaise peut très-bien
affronter, avec la plus grande sérénité, et même avec le plus juste dé-
dain, les fantaisies et les pièges d'une certaine géographie étrangère,
qui cherche moins à servir la science et la vérité que les passions mes-
quines et les intérêts illégitimes de l'occasion.

Il nous sera extrêmément facile de corriger, avec des documents à
l'appui, les injustices commises envers le Portugal et vis-à-vis le rôle
prépondérant, singulier et extraordinaire, qu'il a joué dans l'exploration et la civilisation de l'Afrique.

D'un autre côté, il nous est impossible d'admettre que l'on ignore à
Rome, que, parmi le grand nombre de titres irréfutables de notre souveraineté dans le Congo, ressortent exactement les deux que le Concile
de Trente a établis comme titres fondamentaux du droit de patronage,
c'est-à-dire, celui de la fondation et celui de la dotation écclésiastique.

Nous croyons, cependant, devoir nous conserver pour le moment sur
le terrain étroit que nous venons de déterminer et sur lequel devien-
nent évidemment insoutenables les circonscriptions et les tentatives contre lesquelles nous réclamons par-devant la justice et la loyauté du Saint-
Siége.

Nous ne citerons donc plus qu'une dernière circonstance, qui sera
certainement notre dernier mot dans la question.

13) Cette circonstance est la suivante :

Les limites actuellement déterminées et reconnues de la domination
portugaise du côté occidental de l'Afrique sont les parallèles 5° 12′ et

18e de lat. S. Du côté de l'intérieur il n'y a pas de limites fixes, et le Portugal seul peut les fixer, soit par accord amiable avec les potentats indigènes, soit en les imposant à ces dernièrs. Pour toutes les puissances civilisées et amies du Portugal, les limites sont ces parallèles, et ainsi que nous l'avons vu, elles sont aussi, pour le moins, celles du diocèse d'Angola et Congo, et ce, sans préjudice de notre droit de patronage sur tout l'Afrique équatoriale, de l'une des côtes à l'autre.

Par conséquent, les circonscriptions, vicariats ou centres de mission contre lesquels nous réclamons aujourd'hui, particulièrement, envahissent simultanément au nord, au sud et à l'est la souveraineté politique et le patronage séculier du Portugal.

Lisbonne, le 11 avril 1881.

DEUXIÈME MÉMOIRE

---

1) La S. C. de la *Propaganda Fide* déclare qu'elle est bien loin de contrarier, de n'importe quelle manière, les droits légitimes du Gouvernement Portugais, d'autant plus *(tanto più)* que le même Gouvernement se montre actuellement bienveillant envers les missions catholiques d'Afrique *(si mostra ora benevolo verso le missioni cattoliche)*.

Elle ajoute qu'elle ne croit pas néanmoins véritablement fondées les observations du dit Gouvernement concernant les missions précitées, et pour démontrer son assertion, elle entend devoir examiner:

1ᵉʳ La question du diocèse d'Angola;

2° Celle du patronage du Portugal.

Nous suivrons la S. C. dans cet examen, et prouverons combien ce dernier est défectueux, partiel et erroné, dans les deux cas.

Nous ferons ressortir qu'il est, tantôt contraire à la justice et à la vérité historique, tantôt à la jurisprudence séculière qui règle cette matière, souvent en contradiction avec l'exactitude géographique, et toujours opposé aux droits légitimes du patronage et de la souveraineté portugaise que la S. C. de la *Propaganda Fide* assure ne pas vouloir contrarier.

2) Mais avant d'aller plus loin, nous devons définir ici et affirmer d'une façon claire et positive:

1ᵉʳ Que le Gouvernement Portugais n'a pas subordonné, et qu'il ne subordonne point la légitimé de ses droits à la décision de la S. C. de la *Propaganda Fide;* que jamais et d'aucune manière il n'a fait et ne fera dépendre ces droits, de l'appréciation ou de la sanction du dit institut;

2° Que le Gouvernement Portugais rejette positivement la phrase sus-énoncée «qu'il se montre actuellement bienveillant envers les missions catholiques», si toutefois ou veut faire entendre par là qu'il a manifesté en une autre époque des sentiments hostiles à la propagation de l'évangile en Afrique, propagation qu'il a initiée, qu'il a toujours favorisée et protégée, à force de sacrifices d'existences, de travail et d'argent.

3) Nous avons déjà fait dans le premièr *memorandum* l'histoire sommaire de la création du patronage portugais en Afrique, et il y a lieu de remarquer que la S. C. de la *Propaganda Fide* qui s'est proposé de tracer de nouveau cette histoire, loin de l'éclaircir et de la développer, semble plutôt vouloir mutiler, confondre ou oblitérer certains faits qui ne sauraient manquer d'avoir une importance capitale dans la question présente.

Nous sommes persuadés qu'elle l'a plutôt fait par inadvertence que par esprit de critique.

Il n'est pas absolument exact que ce soient les bulles d'Eugène IV du 9 janvier 1442, de Calixte III du 18 mars 1445 e de Sixte IV du 21 juin 1481 qui aient étendu la juridiction de l'ordre portugais du Christ, depuis le cap Bojador jusqu'aux Indes, comme l'affirme la S. C., quoique cette question ne nuise en rien à l'affaire qui nous occupe.

Tous ces diplômes, expédiés à la demande du Gouvernement Portugais, ne font que confirmer et attester le droit de juridiction de notre patronage, déjà solennellement reconnu.

Lorsque l'ordre du Temple fut aboli en 1308, ses biens furent incorporés dans l'ordre des Hospitaliers, à l'exception de ceux qui existaient sur le territoire portugais.

L'ordre du Christ lui succéda en Portugal, en vertu d'une négociation intervenue entre le Roi D. Diniz et le Pape Jean XXII, qui fut homologuée par la bulle du 15 mars 1319.

La bulle du 9 janvier 1442 confirme à peine à cet ordre les donations royales des conquêtes portugaises.

La bulle du 13 mars 1455 a un but identique.

Elle confirme celle de Nicolas V du 8 janvier 1454, relativement aux *terra et maria conquesita et conquirenda, possessa et possidenda ad Portugalliæ Reges,* etc. (Lévy, *Bullarium patronatus Portugalliæ.*)

Et elle dit expréssement :

«Confirmamus et approbamus ac robore perpetuæ firmitatis subsistere decernimus, supplentes omnes defectus, si qui forsan intervenerint in eisdem et nihilominus auctoritate et scientia prædictis, perpetuo decernimus, statuimus et ordinamus quod spiritualitas et omnimoda jurisdictio ordinaria, dominium et potestas in spiritualibus, dumtaxat in insulis, villis, portibus, terris et locis *a capitibus de Bojador et de Nam usque per totam Guineam et ultra illam meridionalem plagam usque ad Indos,* etc.»

Nous avons transcrit à dessein ces textes qui, quoiqu'étant l'expression du Pontife sur les droits du patronage portugais, semblent naturellement enveloppés dans l'accusation extraordinaire de la S. C., qui, à plusieurs reprises, essaie de taxer ces droits d'absurdes et d'insoutenables.

Chacun est responsable des conséquences de sa critique.

Enfin la bulle de Sixte IV du 21 juin 1481 se borne à confirmer celles de Nicolas V de 1454 et de Calixte III de 1455.

Nous citerons encore, en passant, la bulle du 21 août 1472, qui créa l'évêché de Tanger et le reconnut comme subordonné au patronage, ainsi qu'Arzilla, Alcacer et les autres conquêtes faites ou à effectuer par les Rois portugais.

Nous invoquerons également les bulles du 7 juin 1514 et du 31 mars 1516, concernant le Maroc.

Nous ne devons pas non plus passer sous silence l'évêché de Safim, auquel la bulle du 18 juin 1499 adjoignit les territoires d'Azamor, Almedina, Tete et Mazagão.

4) Occupons-nous cependant de la formation des diocèses du patronage, en complétant et rectifiant le passage y relatif de la réponse ou avis de la S. C.

L'évêché de Funchal fut fondé, à la demande du Gouvernement Portugais, par la bulle du 12 juin 1514.

Celle-ci, ainsi que la lettre pontificale de la même date adressée au Roi D. Manuel, déclarant expressément que ce même évêché fait partie du patronage, en le comprenant *a capitibus Bojador usque ad Indos*.

Elevé à la catégorie d'archevêché par la cédule consistoriale du 31 janvier 1533, il perdit alors plusieurs territoires qui s'en détachèrent pour former les diocèses d'Angola, Cabo Verde, S. Thomé et Goa, créés par diplôme de la même date et par les bulles des 3 novembre 1534 et 25 août 1536, cette dernière ayant trait à Cabo Verde.

Examinons maintenant comment furent constitués tous ces diocèses, ainsi que les altérations fondamentales qu'ils éprouvèrent dans le domaine de leur juridiction, soit à la demande du patron, soit avec son intervention ou son assentiment, indispensable dans tous les cas, comme nous avons demontré dans le premier *memorandum*, et démontrerons de nouveaux dans le second, intervention que la S. C. paraît systématiquement vouloir écarter de la question, ou semble malheureusement oublier dans ces allégations.

Diocèse de Funchal.—La bulle de Paul III du 25 août 1536 détermine positivement à ce diocèse sa limite méridionale sur le continent.

C'est le *flumen de Çanagala in Africa prope Caput seu promontorium Viride* (fleuve du Senégal — Cap Vert).

Vient ensuite la bulle du 8 juillet 1539, qui, en lui adjoignant le Brésil, établit d'une manière claire et précise l'étendue du même diocèse:

«Ac diœcesis ipsius Ecclesiæ Funchalensis dictis insulis terris, provinciis et locis, ac jurisdictionibus vicari hujusmodi a dicta Ecclesiæ Funchalensi, ut præmittitur, separatis, ipsius diœcesis per totam de Madeira, et de Porto Sancto, et Desertas et Selvagines illis adjacentes insulas, ac eam partem terræ continentis in Africa *quæ a fine diœcesis Zaphiensis* (de Saphim) *usque ad prædictum flumen de Çanagala* (Senegal) prope dictum Caput seu promontorium Viride, ac prout a fine dictæ Zaphiensis protendebatur; necnon per universas terras de Brasil, etc.»

La bulle du 25 février 1550 créa le premier diocèse brésilien (celui de Bahia). Le diocèse de Funchal perdit le territoire sud-américain, mais il conserva ses îles, ainsi que la terre ferme d'Afrique, *entre la limite sud du diocèse de Saphim et le fleuve du Sénégal.*

Diocèse de Cabo Verde.—La bulle du 31 janvier 1533 le définit également avec une remarquable clarté :

«Ac eidem Ecclesiæ Sancti Jacobi, oppidum in civitatem erectum pro civitate, ac Sancti Jacobi prædictam, et de Sancto Antam, ac de San Vicente, et de Sancta Luzia, ac de Sancto Nicolao, et de Mayo, ac do Fogo et do Sal, de Boa Vista et a Brava insulas, ac spatium tricentarum quinquaginta leucarum terræ firmæ, *incipiendo a flumine Gambia, prope promontorium seu locum Cabo Verde et continuando usque ad promontorium seu locum Cabo de Palmas nuncupata et flumen Sancti Andræ* dicti regni, illorumque districtus ac territoria pro diœcesi, etc.»

Diocèse de S. Thomé. —Ici, il faut nous arrêter. Le diocèse açorien n'intéresse en rien le litige actuel, et tout en réservant ses droits pour des réclamations qui pourraient être suscitées dans l'avenir, le Gouvernement Portugais ne réclame pour le moment qu'au sujet des territoires du patronage ayant fait ou faisant partie des diocèses de S. Thomé, de Congo et Angola.

Examinons donc quelle était l'étendue constitutive du premier et comment fut formée et definie celle du second.

La bulle du 3 novembre 1534 institua ainsi le diocèse de S. Thomé :

«Necnon ex terris, insulis et provinciis dictæ Ecclesiæ Funchalensis, alias pro ejus diœcesis assignatis, partem illam terræ continentis Æthiopiæ seu Guineæ in Africa, quæ *a flumine Sancti Andreæ nuncupato, prope Caput seu promontorium das Palmas nuncupatum, inclusive, et prout a fine diœcesis Sancti Jacobi similiter tunc a dicta Ecclesia Funchalensi dismembratæ, usque ad promontorium de Bona Sperança,* et eam illius partem, quæ Caput das Agulhas nuncupabatur, protendebatur exclusive, et in qua inter alia oppidum, civitas nuncupatum, Sancti Georgii Minæ auri, necnon regnum de Congio nuncupatum, consistebat, ac prædicta Sancti Thomæ, necnon Sancti Antonii ac de Fernando Pó et de Sancta Helena et de Anno Bom, necnon similiter eam partem maris Oceani, quæ una ab ostio fluminis Sancti Andræ nuncupati, prope dictum Caput Viride, versus Meridiem et alia a Capite das Agulhas prædicto, prope promontorium de Bona Sperança hujusmodi, versus Occidentem, lineis, per dictum mare Oceanum directis claudebatur, etc.»

Ce texte ne saurait être plus clair ni plus positif.

Nous l'avons cité, comme plusieurs autres dans notre premier *memorandum*, et la S. C. de la *Propaganda Fide* n'a pu en produire aucun, dans sa note, qui les détruise sérieusement ou en atténue les effets dans leur application loyale et juridique.

Ainsi qu'on le voit, il fut donné au diocèse de S. Thomé, comme limites *sur le continent* le cap das Palmas au N. et celui das Agulhas ao S.

5) Diocèse du Congo et Angola. — Dans cette partie continentale du diocèse de S. Thomé fut créé, par la bulle du 20 mai 1599, l'évêché du Congo et Angola «à la demande (dit la S. C. de la *Propaganda Fide)* de *Philippe II d'Espagne et du Roi Alvaro, souverain du Congo, qui avait envoyé comme ambassadeur à Rome Mr. Duarte Lopes»*, pour solliciter cette faveur du Saint-Siége».

Que ces paroles aient, ou non, une intention particulière, nous ne les laisserons pas passer sous silence.

Puisque, par exception la S. C. a voulu être si explicite sur ce point, elle aurait dû dire que la demande avait été faite par Philippe I, *alors* Roi du Portugal, et non point par Philippe II d'Espagne.

La distinction n'est pas insignifiante ; elle est indispensable.

C'était bien, en effet, la même personne, mais la raison juridique de l'intervention existait seulement dans la couronne portugaise.

La sollicitation datait de loin. Ce n'est pas précisément dans le cerveau de Philippe que l'idée en avait germé ; mais cela importe peu. L'Espagne ou la couronne de Castille n'avaient rien à voir dans cette question.

Philippe I réclama et négocia l'erection de l'évêché du Congo, parce que le Congo relevait du patronage portugais et que Philippe était, *de fait,* Roi du Portugal. Comme monarque de Castille, il y avait autant d'intérêt que la couronne d'Angleterre ou toute autre qui ne possédait pas les droits légitimes et séculiers de patron.

En citant un passage de la bulle, dans l'intention erronée, comme nous le verrons, de restreindre l'étendue de notre patronage, la S. C. aurait pu en énumérer plusieurs autres qui attestent d'une façon claire, sinon intentionnelle, que c'est à la couronne portugaise, à ses droits et à ses instigations, que le Pape Clément VIII fait allusion.

Nous citerons donc, nous-mêmes, ces passages, non pas que nous prétendions attribuer à la S. C. une intention peu loyale, qui serait d'ailleurs parfaitement absurde dans le cas présent, mais bien parce qu'il est toujours bon, dans les questions de ce genre, d'éviter toute incertitude ou difficulté pouvant résulter d'une expression ou d'une phrase inexacte telle que celle employée, dans la meilleure bonne foi, n'us en sommes convaincus, par la S. C.

La bulle dit au commencement :

«Sane cum sicut ex insinuatione clarissimi in Christo filii nostri Philippi Hispaniarum, *Portugalliæ et Algarbiorum* Regis Catholici, nobis nuper facta, etc.»

Plus loin elle déclare :

«Postremo ipsi Philippo et pro tempore existenti *Portugalliæ et Algarbiorum Regi jus patronatus, etc.»*

Et elle ajoute encore :

«Decernentes jus patronatus hujusmodi Philippo *et futuris Portugalliæ Regibus* prædictis ex meris fundatione et dotatione competere, etc.»

Deux mots maintenant au sujet de la sollicitation du «Roi Alvaro, souverain du Congo», que la S. C. met en parallèle ou en concurrence avec celle du Roi de Portugal, dont le *muene* était simple vassal.

La bulle parle en effet des suppliques de cet Alvaro, *in Christo filii nostri Alvari, Congi Regis illustris,* etc.», qui d'ailleurs était déjà mort à cette époque, et nous y avons fait allusion dans notre premier *memorandum.*

Mais à Rome, on n'ignorait pas alors qu'il ne pouvait être déféré aux soi-disant désirs de ce souverain nègre, qu'autant que ces désirs seraient accompagnés et autorisés par ceux du suzerain et patron légitime.

Peu d'années auparavant, Grégoire XIII, par la bulle du 15 octobre 1577 avait reconnu, une fois de plus, que le Congo était le domaine et la conquête du Portugal, *tua et pro tempore existentium regnum Portugalliæ conquistæ et ditioni,* etc.»

On connaissait aussi parfaitement bien la doctrine juste et sensée de la bulle du 31 janvier 1533, en vertu de laquelle le démembrement d'un évêché du patronage ou l'érection dans ce dernier d'un évêché nouveau exigent le consentement du patron et de l'évêque diocésain.

La preuve irréfutable de ce que le Pontife ne considérait pas à la même hauteur (comme le fait la S. C) les désirs du Roi vassal et les suggestions du Roi suzerain, et ne déférait à ceux du premier que parce qu'ils étaient ceux du second, cette preuve, disons-nous, se trouve dans la déclaration même de Duarte Lopes, l'ambassadeur précité :

«Presentosi al Papa.... et fu gratiosamente vdito, ma poi fattougli intendere, che essendo il regno di Congo appartenente al Re di Spagna, a lui lo remietteua». (Ed. 1596.)

Nous pourrions contester que la mission de Duarte Lopes eût réellement pour objet la demande de l'érection de l'évêché, comme l'affirme la S. C.

Ce que l'ambassadeur, lui-même, déclare, c'est que le Roi de Congo l'envoyait, comme il avait déjà envoyé bien d'autres émissaires qu'il cite, pour demander au Roi de Portugal de lui députer des missionaires, pour faire hommage au Pontife, et pour exposer enfin à tous les deux la situation spirituelle de cette chrétienté naissante.

Il faut remarquer que si la S. C. croit aujourd'hui que, sous prétexte de pourvoir aux nécessités religieuses, elle peut et doit constituer des missions et des circonscriptions ecclésiastiques sur les territoires du patronage, et déférer aux instigations de ceux qui n'exercent aucune juridiction sur ces territoires, sans l'accord, l'assentiment ou l'insinuation du patron légitime et séculier, le Pape Clément VIII qui, certes, ne professait pas moins de zèle évangélique, faisait sentir à Duarte Lopes qu'il n'obtempérerait point à sa demande, sans qu'elle fût présentée par la couronne portugaise, en sa qualité de suzeraine, dans l'ordre spirituel et temporel des affaires du Congo.

Et Duarte Lopes partit de Rome, sans même avoir pu obtenir (qu'on le sache du moins) l'envoi de quelques missionaires.

Mais il est inutile de nous étendre davantage sur cet incident.

6) La S. C. cite une passage de la bulle de 1599, non pas exactement celui que nous avons invoqué, qui détermine avec la plus grande clarté l'étendue marquée au nouveau diocèse:

« ... toto vastissimo et amplissimo regno Congi et Angolæ...

« ... cum omnibus et singulis illius, oppidis, castris, villis, locis, districtibus, ac cleris, personis, ecclesiis, monasteriis, prioratibus, præposituris, et aliis piis locis ac beneficiis ecclesiasticis, cum cura et sina cura, sæcularibus et quorumvis ordinum regularibus, a prædicta diœcesi Sancti Thomæ... perpetuo, etc...»

mais bien un autre passage qui confère précisément au *gouverneur de Portugal,* sous Philippe I, le Cardinal Albert, la charge de régler la circonscription, d'accord avec le nonce.

Cette substitution est venue à propos, pour mettre encore en relief la qualité particulière du régulateur des limites de notre diocèse.

La circonscription définitive ne se réalisa jamais. C'était une raison de plus pour qu'on ne prétendit pas aujourd'hui, sans les procédés réguliers prescrits alors, fixer les limites du diocèse de Congo et Angola, au nord, à l'est et au sud, en lui adjoignant de ce côté de nouvelles circonscriptions, sans avoir préalablement entendu le patron portugais.

Mais l'appréhension de la S. C. de la *Propaganda Fide* consiste en ce que, dans le sens de la bulle, *a senso di questa bolla*, le diocèse de Congo et Angola comprenait à peine le royaume du même nom.

Que résulte-t-il de là? Où commençaient et où terminaient ces pays *a senso di questa bolla?*

La S. C. le sait-elle mieux aujourd'hui qu'on ne le savait à Rome quand la bulle a été expédiée? Si elle le sait, pourquoi ne le prouve-t-elle pas? Pourquoi ne le détermine-t-elle point d'une façon claire et positive? Si elle l'ignore, pourquoi alors taxer de non fondé tout ce qui a été dit dans le premier *memorandum*, ou nier que la juridiction conférée à notre évêque s'étendît à tout le territoire compris depuis le cap de Sainte-Catharine jusqu'au 18° latitude sud, au moins?

La S. C. se borne à dire que cette affirmation n'est pas conforme à la bulle de la création ni aux documents historiques. Mais comment prouve-t-elle que sa réfutation le soit? La bulle, ainsi que nous l'avons déjà vu, se rapporte explicitement «au vaste et immense royaume de Congo» avec ses districts, etc.

En ce qui concerne les documents historiques, ce n'est certainement pas le récit de Duarte Lopes qui autorise la contestation non fondée de la S. C. Ce récit est néanmoins um argument précieux pour notre question. La S. C. n'est-elle pas, en effet, la première à déclarer que c'est à la demande de Duarte Lopes, l'ambassadeur portugais du Roi de Congo, que le Saint-Siège constitua le nouvel évêché?

Le Pape Clément VIII possedait-il des renseignements plus récents et plus positifs que ceux de notre célèbre explorateur africain?

Et pourtant, c'est justement lui qui dit que le cap de Sainte-Catherine «*è il confine verso l'equinottiale del regno di Congo*».

C'est encore le même Duarte Lopes (nous l'avons déjà vu dans le premier *memorandum*) qui déclare que la limite méridionale de ce royaume est le parallèle de la baie des *Vaccas, la qual linea parte il regno d'Angola.*

C'est toujours lui qui révèle que, de son temps, c'est-à-dire, à la veille de l'érection de l'évêché, le royaume d'Angola, vassal de celui du Congo, s'étendait déjà jusqu'au parallèle du Cap Negro.

Puisque c'était là les renseignements que possédait le Saint-Siège, lorsqu'il a expédié la bulle, renseignements fournis par l'envoyé du Roi de Congo, lui-même, n'est il pas logique et naturel d'interpréter d'après ces données le sens du dit diplôme, d'autant plus que la S. C. n'indique point l'existence d'autres plus authentiques?

5) La S. C. a beau déterminer les parallèles qui lui semblent le plus exacts pour la limitation du diocèse du Congo et Angola; elle peut imaginer les frontières longitudinales qu'il lui plaira, la question des droits du patronage portugais n'en subsiste pas moins en face des textes pontificaux.

Le diocèse et royaume du Congo ne s'étendait-il pas aussi loin au nord qu'on l'affirme d'après le sens supposé de la bulle de 1599?

Mais alors, d'après la bulle du 3 novembre 1534, le diocèse de S. Thomé continuait à posséder de ce côté le territoire situé jusqu'au fleuve Saint-André, le Sassandra des cartes anglaises, parallèle 4° 57′ N. que la même bulle fixe comme une des extrémités de ce diocèse.

Veut-on restreindre les limites du côté du S.?

Cela est indifférent: le territoire que l'on considère comme n'ayant pas été compris dans la bulle de 1596, rentrerait alors comme auparavant, dans le diocèse de S. Thomé, dont la bulle de 1534 détermine la limite S. au cap des Agulhas, — Lagullas des cartes anglaises, parallèle 34° 49′ 46″ latitude S.

Il est clair que la bulle qui créa l'évêché du Congo, abrogea seulement les antérieures dans la partie concernant le démembrement de ce royaume d'un autre diocèse. Ce qui n'était pas démembré, subsistait dans l'ancien diocèse.

Et malgré tout, le patronage se maintint.

Il subsista parce qu'il ne fut et ne pouvait être légitimement mutilé ou révoqué, surtout par un nouveau diplôme qui en était l'application et la confirmation formelle et positive.

Nous ne forçons point la logique, ni voulons dénaturer l'histoire. Nos arguments découlent facilement et naturellement des faits et documents émanants de la science et de l'inspiration pontificale.

L'érection de diocèses du patronage, ou leur démembrement réprésente, en dernière analyse, un accord entre le Saint-Siége et le patron.

C'est la doctrine courante et établie, corroborée par de nombreux faits et définie dans beaucoup de diplômes, parmi lesquels nous nous bornerons à citer derechef la bulle du 31 janvier 1533, attendu qu'elle se rattache particulièrement à la question pendante.

Le diocèse du Congo fut érigé en vertu de cet accord.

La S. C. ne peut en produire aucun autre révoquant celui qui constitua et limita le diocèse de S. Thomé, au-delà de la partie de sa juridiction et du territoire qui devint l'évêché du Congo.

Elle ne peut également citer aucun document qui altère d'une façon légitime et régulière l'étendue et les droits de notre patronage dans ces parages.

8) Ne pouvant le faire, la S. C. invoque plusieurs mesures prises à diverses époques, les unes contre le droit du patronage, à l'insu de celui-ci, et malgré ses protestations formelles, d'autres à notre réquisition ou avec notre consentement et notre sanction.

Elle en oublie quelques-unes, que nous sommes prêts à lui rappeller, et elle commence par en citer une, qui, franchement, ne constitue pas un argument adroit et prudent, en présence des relations loyales et affectueuses existant actuellement entre la souveraineté portugaise et le Saint-Siége.

Nous voulons faire allusion à la formation de la préfecture apostolique du Congo, en 1640.

Mais avant de nous donner la peine de remémorer les circonstances qui enveloppèrent cet acte, nous en rapporterons d'autres qui le précédèrent.

Depuis longtemps le petit nombre de missionaires catholiques se faisait sentir dans le Congo, et le Gouvernement Portugais cherchait à développer l'idée de la création d'un clergé indigène par l'établissement décreté le 3 juin 1617, d'un séminaire, dans le dit royaume.

Le Pape Paul V, s'il faut en croire la pastorale du 31 août 1620, résolut de céder aux sollicitations qui lui étaient particulièrement dirigées, et d'envoyer quelques missionaires capucins.

La pastorale du 13 janvier 1621 annonce au Roi du Congo l'envoi de 12 de ces religieux.

Une autre pastorale de Grégoire XV du 9 mars de la même année, réitère cette promesse. Les missionaires partirent, mais jusqu'ici le fait n'a pas réellement une grande importance.

Nous dirons, en passant, qu'en vertu d'un décret de la S. C. du 11 mai 1637, qu'elle même cite dans les instructions du 14 janvier 1726 adressées aux capucins du Congo et Angola, ceux-ci étaient obligés de soumettre leurs lettres patentes au consentement des évêques respectifs, a fin de pouvoir commencer l'exercice de leur ministère.

Il n'est pas moins certain aussi que l'introduction de missionaires étrangers dans les territoires du patronage était le résultat d'une concession spéciale du *patron,* concession subordonnée à certaines conditions, dont nous parlerons plus loin, qui enlèvent à ce fait toute l'importance qu'on y rattache, et corroborent, plutôt qu'elles ne contrarient, le droit du patronage.

9) Nous nous trouvons, cependant, en face d'un évènement et d'un document d'un caractère différent.

C'est la fameuse création de la préfecture du Congo, c'est-à-dire, d'une préfecture apostolique dans l'intérieur d'un évêché du patronage, à l'insu de celui-ci.

Par un simple et laconique décret de la S. C. de la *Propaganda,* signé par le cardinal Antonio Barberino, il fut organisé le 25 juin 1640 une petite mission de capucins, à destination du Congo, dont l'un fut revêtu des fonctions et du titre de préfet.

On leur remit, à la même date, une lettre monitoire, également vague et laconique

Une pastorale du 16 juillet de la même année les recommanda au Roi du Congo.

Une autre, cinq ans plus tard, le 10 novembre 1645, renouvela cette recommandation, et enfin en 1648, on vit arriver à Rome deux capucins, l'un castillan, Angelo de Valença, l'autre italien, João Francisco Romano pour prêter hommage et obéissance au Saint-Siége (comme ils le firent en effet le 9 mai), au nom du Roi africain que les Pontifes avaient toujours reconnu comme vassal de la couronne portugaise.

Ce n'est pas tout, et cette série de faits extraordinaires ne s'arrête pas ici.

Il fut alors projeté non pas simplement de constituer une préfecture ou d'envoyer une nouvelle mission au Congo, mais bien de nommer pour ce royaume, d'après ce que déclarent les mémoires du temps, un archevêque, deux évêques et trente missionaires castillans et italiens.

Tous ces ecclésiastiques devaient être largement stipendiés par la Castille, et le capucin espagnol, Freire Angelo, leur *promettait au nom de Philippe IV,* monarque de ce pays, un transport sûr et commode par un port de l'Espagne.

En même temps ces capucins faisaient fabriquer à Rome une couronne royale *(regia corona)* destinée au Roi du Congo, connu alors sous le nom de D. Garcia Affonso II.

Une épître de la S. C. du 3 octobre 1648 atteste que cette couronne avait été bénie par le Souverain Pontife.

Nous devons faire remarquer ici que le chargé d'affaires du Portugal à Rome, l'habile et énergique jésuite Nuno da Cunha, s'empressa de protester contre cette singulière violation des droits du patronage portugais.

Nous ajouterons que le dr. Manuel Alvares Carrilho partit même de Lisbonne pour confirmer et maintenir cette protestation par-devant le Saint-Siége, et qu'enfin, vers la même occasion, quand on songeait à expédier une aussi opulente mission dans notre diocèse du Congo, on refusait au Portugal la nomination d'évêques pour les diocèses de ce royaume, à moins que l'initiative ne partît du Saint-Siége exclusivement. Le Gouvernement Portugais s'opposa formellement à cette résolution essentiellement contraire au droit canonique, à la souveraineté et à la dignité nationales.

10) Nous ne voudrions pas avoir à parler de ces faits, mais l'allégation de la S. C. nous oblige à le faire, afin de bien appeler l'attention sur le caractère insolite, et, nous ajouterons même, illogique, de cette allusion à la première préfecture du Congo, que le Gouvernement Portugais n'a jamais reconnu comme légitimement décrétée.

En 1640, le Portugal venait de reconquérir son indépendance politique.

Le Saint-Siége refusa de la reconnaître, et plus d'un document historique prouve que cette résistance avait plutôt pour cause des considérations politiques (la guerre avec le duc de Parme, la nécessité de maintenir les relations les plus cordiales avec le Roi de Castille, dont la puissance en Italie était alors très-considérable) que des scrupules de conscience ou des raisons émanant de la volonté naturellement bienveillante et du caractère évangélique du Pontife.

Le cardinal Biche l'avouait d'ailleurs clairement dans une lettre qu'il adressa en 1641, par ordre du Pape, à l'évêque de Lamego, envoyé à Rome par D. João IV, le Roi du Portugal.

Pendant longtemps on eut beau invoquer toutes les allégations de droit, de piété et de nécessité catholique; le danger éminent, d'un schisme, les raisons que l'on trouve enregistrées et exposées dans le bel ouvrage : *Balidos das igrejas du Portugal* (Paris 1653), dans le *Tratado analytico* du dr. Manuel Rodrigues Leitão (Lisbonne 1715), dans le *Portugal restaurado* (Lisbonne 1679), toutes démarches enfin furent inutiles, de même que les représentations de nos ambassadeurs, de nos prélats, du haut clergé français et des Gouvernements étrangers.

Philippe IV d'Espagne, qui avait été le III *et dernier du Portugal,* tout en nous disputant nos droits, les armes à la main, cherchait naturellement à leur créer des embarras et à leur susciter des objections près du Saint-Siége, qui se trouvait *opprimé,* suivant l'expression du comte d'Ericeira, *avec son idée en Castille et son attention fixée sur Naples...*

Les menées du monarque espagnol se reproduisaient avec des résultats différents, auprès des autres états européens.

Les ministres et les négociateurs portugais, D. Miguel de Portugal, évêque de Lamego, Pantaleão Rodrigues, membre du conseil général de l'inquisition, Nicolau Monteiro, curé de Cedofeita, l'abbé Nuno da Cunha, f.° Manuel Pacheco, le dr. Manuel Carrilho, Francisco de Sousa Coutinho, n'étaient pas accueillis par la cour romaine comme les représentants d'un état indépendant et catholique !

Quelques uns même furent assaillis et insultés à Rome par des bandes de brigands et de vagabonds, commandées par des délégués et diplomates castillans.

D'un autre côté, nous étions obligés de lutter à Angola, contre les hollandais, en même temps que la S. C. de la *Propaganda Fide*, naturellement dans les meilleurs intentions, mais dans tous les cas avec une précipitation imprudente sans doute exploitée par la politique castillane, envahissait notre patronage et notre domaine du Congo.

Quand il n'y aurait pas eu assez, de nos protestations formelles et immédiates contre cette dernière invasion, il y a un fait qui les résume et les concentre toutes d'une manière décisive et irréfutable.

Le Roi de Portugal sollicitait du Pontife la confirmation de certains prélats, dans les diocèses vacants afin de satisfaire aux exigences religieuses et à son devoir de patron.

Beaucoup de ces diocèses se trouvaient justement sur le territoire du patronage d'outre-mer.

Il y en avait quatre dans l'Afrique occidentale, y compris celui d'Angola et Congo *(Carta dos tres Estados, 1649. V. Balidos das igrejas, etc.)*

Le Saint-Siège offrait de pourvoir à toutes ces nominations, non point en confirmant les candidats présentés par le Gouvernement Portugais, ni surtout en faisant allusion à ce dernier dans les pastorales respectives, ce qui aurait froissé les susceptibilités et les prétentions des castillans, mais bien en nommant les prélats, de son initiative et de son propre mouvement *(motu proprio)*.

Le Portugal se montra inébranlable sur ce point et refusa toujours de se prêter à cette manière d'agir qui comportait la dénégation de ses droits de souverain et de patron, reconnus par les conciles et les Ponti fes, clairement définis et basés sur la doctrine qui règle et a toujours réglé cette matière entre la couronne portugaise et le Saint-Siège.

Du reste, et particulièrement en ce qui a trait aux décrets et projets de la S. C., concernant la préfecture du Congo et l'altération de son diocèse et sa mission, nous avons déjà vu que le Gouvernement Portugais, loin de les reconnaître comme légitimes, avait immédiatement protesté contre eux en termes formels et énergiques.

Nous croyons d'ailleurs qu'il n'est pas nécessaire de nous étendre davantage sur cette partie de notre histoire profondément triste pour le Portugal, dont le Gouvernement s'était toujours loyalement efforcé de maintenir avec le Saint-Siège les relations les plus affectueuses.

11) Nous ne terminerons pas la discussion sur ce point sans rapporter une preuve de plus, qui serait décisive en l'absence de toutes les autres, de l'erreur manifeste où se trouve la S. C., quand elle suppose que la fameuse création de la préfecture du Congo, à l'insu du Portugal, atteste le droit du Saint-Siège, d'agir en pareille matière sans l'assentiment du patron.

Nous avons d'autant plus lieu de nous étonner de cette erreur, qu'il y a précisément dans la création de cette préfecture l'affirmation positive de la nécessité essentielle et indispensable de cet assentiment.

Un ouvrage contemporain et officiel que la S. C. ne saurait méconnaître, la *Mission evangelica al reyno de Congo por la serafica religion de los capuchinos escripta por D. Joseph Pellier de Tovar, cronista mayor de Su Magestad*, publié à Madrid en 1649, raconte simplement comment les faits se sont passé.

En 1640, le Saint-Siége envoya au Congo six moines capucins qui vinrent à Lisbonne *pour demander la premission de se rendre dans ce royaume.*

Ne l'ayant pas obtenu, et ayant appris la prise de Loanda par les hollandais, les moines retournèrent à Rome.

En 1643, il fut organisé une nouvelle mission, *comprenant plusieurs espagnols,* et on résolu de solliciter *l'intervention du Roi de Costille* que, disons-le, en passant, Rome continuait à considérer *comme Roi de Portugal.*

Le monarque espagnol leur accorda la permission demandée, les comble de présents, et les religieux purent alors se rendre à leur destination.

En 1648 avait lieu la cérémonie déjà citée de l'hommage au Pontife, au nom du *muene* africain, réalisée *par deux missionnaires capucins* revenus du Congo, munis de lettres du même *muene* écrites en portugais.

Dans une de ces lettres il remerciait le Pape de l'envoi des missionnaires et le priait de ne lui adresser *que des capucins.* Dans l'autre, il donnait procuration aux deux *capucins* qui la présentèrent.

On organisa alors deux missions, l'une pour le Congo, l'autre pour le royaume de Benim. Bien loin de chercher à se passer de l'assentiment du Roi d'Espagne, que l'on continuait toujours à Rome, à regarder *comme le souverain du Portugal,* les missionnaires se présentèrent à Madrid avec des recommandations puissantes et munis d'une pastorale du Pontife, afin d'obtenir du soit-disant patron, l'autorisation indispensable.

Le Roi castillan voulut entrendre l'avis des différents départements officiels, notamment de celui qui était connu sous le nom de *Junta de Portugal,* et loin de réagir contre le procédé, le nonce et les missionnaires étaient les premiers à faire des démarches pour obtenir une solution favorable, reconnaissant comme indispensable la sanction de ce Gouvernement *qui était pour eux le représentant de la souveraineté et du patronage portugais.*

Après de longues et nombreuses instances ils reçurent l'autorisation demandée.

Il faut remarquer, en outre, que la S. C. ayant voulu nommer un des capucins évêque du Congo, et le Saint-Siège ayant conféré cette charge *in partibus infidelium* à un ecclésiastique de son choix, le Gouvernement Espagnol s'y opposa formellement attendu que, comme le fait observer Tovar (qu'on ne saurait accuser de partialité), *«tocava a Su Majestad el nombramiento como a Rey de Portugal,* etc.»* (la nomination incombait à Sa Majesté *comme Roi de Portugal)*.

Voilà à quoi se trouve réduit le triste argument de la préfecture du Congo.

Il est le témoignage irréfutable de ce que l'assentiment et la sanction de la couronne et du patronage portugais, étaient une condition essentielle et indispensable, pour qu'elle fut légalement constituée.

Si la S. C. n'a pas recouru au Roi de Portugal, c'est qu'elle persistait à considérer comme tel le monarque espagnol, mais elle a eu recours à ce dernier, parce qu'elle lui supposait ou lui attribuait cette qualité.

Nous acceptons son témoignage mais nous ne pouvons être responsables de sa méprise qui d'ailleurs n'avait déjà aucune justification.

12) La S. C. fait ensuite allusion à la création en 1765 d'une nouvelle préfecture apostolique à Loango, qui *«s'étendait,* dit-elle, *suivant un mémoire de l'époque, depuis la ligne équinoxiale jusqu'au Zaïre»*.

Elle ajoute que cette préfecture *«fut confiée à deux missionnaires français, les pères Belleyarde et Descouvières»*, et certifie que *«l'évêque d'Angola* ne réclama point contre cette création»*.

Vérifions toutes ces vagues affirmations.

De même que la préfecture du Congo avait été précédée de beaucoup de lettres, dont quelques unes écrites en *excellent latin,* lettres publiées à Rome, et qui auraient été adressées au Saint-Siège par notre vassal africain, de même la nouvelle préfecture eut pour antécédent une épître en date du 2 septembre 1663 d'un certain D. Affonso, qui s'intitulait Roi de Loango ou de Kakongo, dans laquelle il informait le Saint-Siège, que lui, sa femme (?) et ses enfants s'étaient convertis à la foi chrétienne (Vide pastorale du 24 août 1666).

Sans vouloir révoquer en doute, en égard au respect que nous avons pour la bonne foi et le zèle évangélique du Saint-Siège, l'authenticité de ces curieuses épîtres attribuées aux *regulos* africains, nous citerons néamoins un fait qui nous paraît intéressant.

En 1649, l'archevêque de Cranganor écrivait de Rome au Gouvernement Portugais, lui donnant connaissance d'une lettre du «Roi de Congo», qui avait été reçue à la cour ecclésiastique et qui traitait de la mission de ce royaume ainsi que d'une conférence réalisée à ce sujet avec le cardinal Cassandi.

Cette communication ayant été envoyée au conseil d'outremer, celui-ci résolut que le Gouvernement Portugais ordonnât à l'envoyé du Portugal, le dr. Bento da Fonseca, d'exposer au Pontife, non seulement que le Congo faisait partie intégrante du diocèse respectif, dont le siége était même dans la capitale de ce royaume, mais que la fameuse lettre que l'on attribuait au Roi africain était évidemment fausse, attendu qu'elle affirmait des faits qui n'avaient pas eu lieu, et que d'ailleurs *«depuis de longues années le Roi précité n'existait plus, la nomination de son successeur n'ayant jamais pu se réaliser* par suite des discordes survenues entre les potentats électeurs au sujet de son choix.

L'ordre fut donné au résident à Rome par arrêt du Roi de Portugal du 20 octobre 1694.

Qui donc avait forgé cette lettre, et dans quel but cherchait-on à tromper la bonne foi du Pontife?

Le fait était de nature à mettre la S. C. en garde contre ces sollicitations spontanées et directes des *regulos* africains.

Le dernier Roi du Congo s'était humblement adressé en 1674 au suzerain portugais.

En 1689, le gouverneur Luiz Lobo da Silva faisait part qu'il y avait déjà plusieurs années, que, *par suite de la mort de ce Roi*, sa place se trouvait vacante. Il ajoutait que les *macotas* cherchaient à se mettre d'accord sur le choix du nouveau chef, et qu'ils l'avaient consulté, lui gouverneur, afin de savoir s'il confirmerait leur élection et recevrait l'ambassade de vasselage.

En 1690, la métropole remettait des instructions au gouverneur pour qu'il pressât l'élection, qui d'ailleurs n'était pas encore réalisée en 1700, et le conseil d'outremer décidait qu'il y aurait lieu d'envoyer des troupes à S. Salvador pour faire réaliser cette cérémonie.

Il n'y a donc pas le moindre doute que la lettre présentée au Saint-Siége ne fût apocryphe.

Etait-ce la première, et la seule?

Mais revenons à la question de Loango. Le nom adopté par le Roi fictif ou véritable au quel se rapporte la pastorale de 1666, indique clairement la provenance et les relations portugaises de la conversion, car déjà en 1620 ou 1621 le capitaine Garcia Mendes Castello Branco, écrivait ce qui suit au Roi de Portugal:

«Ce Roi de Loango est notre ami, et comme il voit que le Roi de Congo est maintenu dans sa charge parce qu'il est chrétien, il manifeste beaucoup de désirs de se convertir, et c'est pourquoi il *a déjà demandé à plusieurs reprises à Votre Altesse* de lui envoyer des religieux pour lui faire embrasser la foi chrétienne.

«Il y aurait donc lieu de faire partir quatre écclésiastiques de la compagnie (de Jesus) pour fonder cette chrètienté.»

Il faut remarquer qu'à cette époque la couronne portugaise possédait une factorerie royale dans le port de Loango, et que le même Garcia Castello Branco conseillait d'augmenter les forces portugaises sur ce littoral pour mieux s'opposer aux tentatives d'invasion et du commerce étranger.

Nous ne devons pas oublier, non plus, que la bulle qui créa l'évêché du Congo, y incluait expressément ces territoires. Le Saint-Siége ne pouvait donc les démembrer de cet évêché, sans l'assentiment préalable du patron, ainsi que le déterminent positivement la bulle du 31 janvier 1533 et plusieurs autres documents.

Il ne semble pas cependant que, cette fois, la S. C. se pressât de former là une nouvelle préfecture, car c'est seulement en 1765 qu'elle résolut de charger trois ecclésiastiques français «d'établir une mission sur la côte de Loango, depuis la ligne équinoxiale jusqu'au fleuve Zaire, dont l'embouchure se trouve par 6° latitude méridionale», suivant la phrase d'un mémoire présenté à la S. C., qui doit être celle à laquelle elle se rapporte et qu'il est facile de lire sur un opuscule récemment imprimé à Paris par l'abbé Duparquet, sous le titre de *Documents relatifs à la préfecture apostolique du Congo.*

On peut contester que le sens de la phrase s'accorde parfaitement avec la portée que la S. C. prétend lui attribuer, pour ce qui concerne la préfecture à laquelle elle fait allusion.

En effet, dire que l'on recommande l'établissement *d'une mission,* pour laquelle on envoie à peine trois missionaires, sur la côte située entre l'équateur et l'embouchure du Zaire, ne signifie pas précisément que cette mission devra comprendre les 6° qui séparent ces limites. Il nous semble plutôt que l'on voulait tout simplement par-là laisser aux missionaires, comme c'était naturel, le choix du lieu où ils devaient s'établir.

Ce point, d'ailleurs, intéresse peu, d'autant plus qu'il y en a un autre que nous devons regarder comme bien plus important. C'est celui où la S. C. affirme ou insinue que l'évêque d'Angola était indifférent à la question, vu qu'il ne considérait pas le Loango comme faisant partie de sa juridiction et de son diocèse.

S'il en était ainsi, l'évêque n'aurait pas respecté la bulle d'érection.

On peut dire encore que si ce prélat ne regardait pas ce littoral comme subordonné à sa juridiction et à ses soins évangéliques, c'est parce qu'il le considérait comme appartenant à l'évêché de S. Thomé, d'après la bulle qui créa ce dernier, dont nous avons déjà eu l'occasion de citer les déterminations très-positives au point de vue géographique.

Que ce littoral relevât d'ailleurs de l'évêché du Congo ou de celui de S. Thomé, ce qui est positivement clair et défini, en présence des textes pontificaux, c'est que cette partie de la côte appartenait au patronage portugais, et cela suffisait pour invalider la citation de la S. C.

Toutefois, il n'est pas exact que l'évêque et le Gouvernement Portugais n'entendissent point que le siége de la nouvelle mission se trouvait compris dans le diocèse du Congo.

En effet, justement l'évêque, écrivant le 15 janvier 1752 au Roi de Portugal «*comme pasteur du troupeau, il se plaint avec amertume du loup qui détruit sa bergerie*», c'est-à-dire qu'il représente contre les inconvénients du grand trafic de nègres, que les navires étrangers venaient faire dans le port et sur la côte de Loango, emmenant ces malheureuses créatures «dans les régions hérétiques», faisant ainsi, disait-il, «*perdre le fruit des missions, dans ces pays où elles ont été introduites par les monarques prédécésseurs de V. M.*».

Le procureur des finances, invité par le conseil d'outremer, à donner son avis sur la matière, prescrivit plusieurs mesures à prendre, entre autres la fortification des trois ports de la côte, y compris celui de Loango. Il terminait en exposant que le Roi de Portugal devait apporter un prompt remède aux maux signalés par l'évêque, «*attendu, dit-il, que ces territoires se trouvent sous votre royale protection, et sont subordonnés à un évêque de votre patrimoine royal, qui ne peut satisfaire aux devoirs de sa charge, sans l'appui et la puissance de V. M.*».

Dès lors s'accentua davantage la résolution du Gouvernement Portugais d'occuper militairement les ports où s'exerçait sa souveraineté, au N. du Zaïre.

Cependant la S. C. décréta en 1765 la mission du Loango dont elle chargea trois prêtres français, sans l'assentiment préalable ni la sanction du patron légitime.

Deux années plus tard un des prêtres mourut, et les deux autres, abandonnant la mission, comme dangereuse et difficile, revinrent découragés en Europe. Deux autres ecclésiastiques qu'ils avaient appelés abordèrent dans ces parages, cherchant à se fixer à Kakongo et à se rapprocher du Zaïre, mais ils durent aussi regagner l'Europe avant le délai de deux ans.

En 1771, deux des quatre prêtres qui avaient déserté de la mission, résolurent de la recommencer, stimulés par les conseils et les promesses de la S. C., qui par lettre du cardinal Castelli, du 11 mars, les confirma dans leurs postes.

L'intention de la S. C. était évidemment d'introduire de ce côté ses missionnaires dans le Congo, sans la permission du Gouvernement Portugais.

Les deux prêtres auxquels nous venons de faire allusion étaient ceux des missions étrangères de France, l'abbé Descouvières, investi de la qualité de préfet, et l'abbé Bellegarde.

Sur d'autres lettres du cardinal, ou de la S. C., ce qui revient au même, il leur était annoncé et recommandé le projet de faire pénétrer dans le Congo, du côté de Molembo et de Cabinda, un renfort de missionnaires capucins, attendu que, disait une de ces lettres «le chemin du Portugal, bien qu'il fût le plus facile et le plus rapide, se trouvait intercepté».

Nous ferons observer, en passant, que non seulement le chemin du Portugal n'a jamais été intercepté, mais qu'il a même été souvent offert et assuré à toutes les missions catholiques, qui, *n'ayant d'autre but que de servir les intérêts de la religion, commencent par fournir un témoignage loyal de ces dispositions, en respectant les droits du patronage et les principes fondamentaux de la jurisprudence corrélative,* reconnus depuis des siècles par les diplômes pontificaux.

Et il faut remarquer que, pour le moment, nous n'avons pas encore eu en vue les droits temporels de la souveraineté politique du Portugal, que la S. C. déconsidérait implicitement dans ces tentatives et entreprises, bien qu'ils fussent affirmés dans nos lois et reconnus par toute l'Europe.

Ce n'était pas seulement le patronage, mais le droit seigneurial du Portugal qui était violé et envahi, sans aucune nécessité, et plutôt avec une injustice manifeste pour les services que nous avons toujours rendus à la propagation de la foi chrétienne, et, disons-le même, avec un grave danger pour cette même propagation.

Dans cette idée, le ministre portugais Martinho de Mello et Castro, écrivait le 22 juin 1779 au gouverneur d'Angola, le priant de vérifier les soupçons, alors conçus de ce que, par les ports de Loango, Cabinda et Molembo, pénétraient dans le Congo des missionnaires français et italiens, transportés sur des bâtiments français et naturellement disposés à gagner en faveur de la France l'esprit des peuples de ces contrées.

Le ministre recommandait encore au gouverneur, dans le cas où les soupçons se vérifieraient, de prendre des mesures en conséquence car personne n'ignorait que cette conquête appartenait aux domaines de la couronne portugaise.

En suivant pas a pas ou allégation par allégation, la S. C., nous toucherons à un autre point qui n'est pas plus fondé que les précédents.

13) La S. C. dit que «*l'absence de prêtres se faisant sentir en ces derniers temps, dans la préfecture du Congo, le Saint-Siége, à la demande du Gouvernement Portugais, y avait envoyé de nouveaux missionnaires en 1855.*»

Il y a là, comme nous le verrons, une confusion manifeste entre la préfecture apostolique du Congo, dont il n'a pas été question, et les missionnaires que le Gouvernement Portugais n'a pas demandés, mais bien acceptés du Saint-Siége en 1855 et 1856.

Mais avant de traiter cette question, il est temps d'en éclaircir une autre qu'il convient de fixer une fois pour toutes.

Nous avons dit précédemment que contrairement à ce que l'on pourrait déduire de la lettre de la S. C. aux missionnaires français de Loango, en 1775, le chemin du Portugal non seulement n'avait jamais été intercepté, mais qu'il avait même été fréquemment offert aux missionnaires étrangers qui voudraient loyalement coopérer avec nous, en respectant nos droits sur les territoires du patronage.

Nous ajouterons que nous nous sommes souvent adressés à Rome et aux congrégations étrangères pour les prier de nous fournir des prêtres quand les notres ne suffisaient point.

Nous agissions aussi avec toute bienveillance, envers ceux qui, sans notre permission, et en dépit de nos justes soupçons, s'introduisaient dans nos domaines, comme cela eut lieu, par exemple, en 1674.

Nous choisissons de préférence cette époque, faisant allusion à ceux qui furent persécutés et chassés par le *regulo* du Sonho.

Il arriva, en effet, que un vice-nonce des Pays-Bas, Carlos Francisco Airoldo, s'arrogea le droit d'envoyer à Pinda (Zaire), quatre recollets du Brabant, dont trois allèrent se joindre aux capucins résidant près du comte de Sonho, alors révolté contre nous.

Le *regulo* chassa et maltraita les capucins, et les nouveaux missionnaires, effrayés, abandonnèrent avec eux la mission, en y laissant un de leurs compagnons isolé, et vinrent se réfugier à Loanda;

Le gouverneur portugais fit son possible pour sauver le prêtre resté au pouvoir de l'africain, et résolut d'ailleurs de les envoyer tous au Roi de Portugal «puisqu'ils s'étaient rendus dans ces parages, sans l'autorisation de celui-ci».

C'est du moins ce qui est écrit dans sa lettre du 7 mars 1674, présentée au conseil d'outremer. On résolut en même temps la punition du potentat insolent.

Il fut alors nouvellement recommandé à notre résident à Rome d'informer la S. C. de la nouvelle plainte qui nous était faite «de ce que des missionnaires étrangers se rendaient aux régions de la conquête portugaise sans la permission ou l'assentiment du Roi de Portugal, et sans passer par ce royaume, comme il était stipulé».

14) Le gouverneur d'Angola, ayant été informé de l'absence de personnel dans les missions des pays intérieurs et sollicitant du gouvernement de Lisbonne de lui envoyer des religieux (capucins si possible), il fut dès lors demandé à Rome, en février 1678, d'en faire partir quelques uns.

En 1717, mêmes démarches furent faites à la demande de la chambre municipale de Saint-Paul et avec l'approbation du conseil d'outremer.

Nous n'avons pas besoin de citer d'autres exemples dans une matière aussi connue, et nous nous abstiendrons, pour le moment, de démontrer que la bonne volonté et le dévouement des missions que le patronage cherchait à disséminer dans l'intérieur du pays ne répondaient pas toujours à ses pieux désirs.

Quel a été cependant et quel est le droit portugais relativement à la coopération des missionnaires étrangers?

La S. C. ne saurait l'ignorer ni le contester.

Les prêtres étrangers ne peuvent légalement prêcher la mission sur les territoires du patronage royal, qu'en vertu d'une concession spéciale du Gouvernement Portugais et avec l'autorisation de nos prélats.

Ce système dérive naturellement des principes qui règlent et ont toujours réglé le droit et la juridiction patronale et épiscopale, concurremment avec ceux qui constituent la souveraineté politique des états.

Pour la concession de cette permission que l'état seul peut accorder, refuser ou retirer, non seulement en sa qualité de patron, mais encore dans l'exercice de sa souveraineté temporelle, il a été établi certaines conditions de convenance et de garantie publique, dont aucune ne répugne et dont toutes au contraire corroborent le droit fixé par les conciles et les Pontifes relativement aux patronages en général et en particulier à celui qui appartient au Gouvernement Portugais et est exercé par lui.

Ces conditions sont, par exemple, l'obéissance aux lois du pays, aux évêques et au gouvernement. D. Pedro II décréta même à cet effet une formule de serment.

La S. C. ne peut pas d'ailleurs alléguer, à son point de vue particulier, que le régime établi par le droit portugais ne fut pas accepté, en supposant même qu'il pût être contrarié, par le Saint-Siége.

En effet, un grand nombre de diplômes, parmi lesquels il suffit de citer, par rapport à l'Afrique, les lois des 12 novembre 1650, 20 septembre 1651, 20 décembre 1667, 5 juin et 1 juillet 1778, définissent exactement le droit sus cité, par la concession spéciale faite à des mis-

sionnaires de la S. C. de pouvoir exercer leur ministère sur les territoires du patronage.

Nous pourrions citer encore des exemples démontrant que la S. C.
a reconnu, non seulement que la formation et l'exercice des missions
dans le territoire du patronage étaient subordonnés à l'assentiment
préalable et à l'autorisation du Portugal, mais encore que la présenta-
tion et la nomination des préfets de ces missions appartenaient à ce
pays.

Nous citerons à peine un fait bien connu: la nomination par le Gouvernement Portugais de Paulo Antonio de Varezze à la charge de préfet des capucins du Congo (1778).

15) Cela exposé, revenons à la question de 1855.

Ainsi que nous l'avons dit, la S. C. assure avoir envoyé, à cette époque, ses missionnaires au Congo, à la demande du Gouvernement Portugais *«a preghiera dello stesso governo portoghese»*.

Or, sur une note des archives de la S. C. elle même, publiée dans
l'opuscule cité plus haut *Documents relatifs à la préfecture*, etc., ce
fait est raconté d'une manière qui n'autorise pas précisément la phrase
ci-dessus.

Remarquons-le sans réserves. Voici ce qui s'est passé:

Par lettre du 2 juillet 1854, le nonce à Lisbonne exposa au ministre
portugais, Rodrigo da Fonseca Magalhães, que d'après des nouvelles reçues d'Afrique, l'état du diocèse d'Angola était déplorable, par suite du
manque d'écclésiastiques, plusieurs de ceux qu'on y avait envoyés étant
tombés malades et d'autres étant revenus en Europe».

En conséquence, il rappelait la convenance de solliciter du Pontife
l'envoi de quelques prêtres séculiers ou réguliers qui «obligés par
l'obéissance et animés de zèle pour la cause de notre religion, ne refu-
seraient pas d'aider l'évêque».

C'est lui qui le propose: *«Je suis bien certain que Votre Excel-
lence, ainsi que le ministère portugais apprécieront dûment l'idée* pro-
posée *par le soussigné...»*

Par lettre du 5 juillet de la même année, le ministre répond en di-
sant que, «bien que l'on *pût taxer d'exagération les informations reçues*
par le délégué apostolique, le Gouvernement Portugais, poursuivant
dans ses constants efforts (il en cite quelques uns) pour améliorer et
étendre la propagation de l'évangile dans les régions d'outremer, *n'aura
aucune difficulté à permettre, comme mesure provisoire,* dans les circonstances actuelles, qu'il soit admis au service pastoral des églises de ce
diocèse quelques ecclésiastiques du clergé séculier ou régulier, au choix
du Saint-Siége, *lesquels devront, comme de raison, se trouver soumis à la*

juridiction du prélat, de même que tous les autres ecclésiastiques, ses subordonnés».

Que pour la réalisation de cette mesure, il convenait que l'évêque lui-même fît directement la demande au Gouvernement, et indiquât le nombre de prêtres dont il avait de suite besoin.

Le ministre ajoutait que dans le cas où le Saint-Siége voudrait indiquer à cet effet quelques ecclésiastiques réguliers, le Gouvernement comptait qu'ils seraient dispensés de porter le vêtement de leurs ordres religieux et pourraient s'habiller comme de simples clercs séculiers.

Il pouvait leur faciliter les moyens de transport et de subsistance.

Il y a lieu de bien remarquer les conditions aux quelles le Gouvernement Portugais accédait à la proposition du délégué et ministre apostolique :

1° La permission accordée à quelques prêtres étrangers pour prêcher la mission dans le diocèse portugais était une mesure provisoire dictée par les circonstances du moment.

2° Les missionnaires devaient rester subordonnés à la juridiction ordinaire du prélat portugais.

3° Pour que la mesure citée plus haut devint effective, il fallait que son utilité et son opportunité au point de vue religieux fussent indiquées par le prélat au Gouvernement et ce même prélat devait fixer le nombre de missionnaires dont il avait besoin sur le moment.

4° Si le choix retombait sur des ecclésiastiques réguliers, ceux-ci seraient dispensés de porter le vêtement de leur ordre, et pourraient s'habiller comme des clercs séculiers.

Ces conditions furent entièrement acceptées par le nonce dans la note du 7 juillet de la même année, et récemment encore, en 1866, elles étaient, ainsi que nous le verrons, nouvellement reconnues et ratifiées par le Saint-Siége.

Une lettre de l'évêque d'Angola du 19 janvier 1855, suscitée par une ordonnance royale du 4 août 1854, fixe à 32 le nombre des religieux dont il avait besoin, sans compter ceux dont il disposait déjà ; elle était d'accord pour qu'ils fussent *italiens et restassent subordonnés au prélat diocésain*.

La note des archives de la S. C., publiée dans l'opuscule auquel nous avons fait allusion, parle d'une sollicitation du Roi de Congo au Roi de Portugal et de la promesse du gouverneur d'Angola de lui envoyer des missionnaires. C'est, comme on le voit, un fait secondaire et postérieur à la correspondance que nous venons de citer et qui détermine la négociation établie.

Dès que les choses furent exposées au Saint-Siége par son délégué à Lisbonne, le Pontife écrivit à la S. C. la priant d'employer tous ses efforts pour pourvoir aux besoins spirituels *«bisogni spirituali»* de ce diocèse.

Ce ne fut que dix ans plus tard, le 20 avril 1865, que la S. C. s'adressa aux capucins, qui déclarèrent, le 31 juillet, ne pouvoir fournir des missionnaires.

16) Nous allons voir maintenant comment la S. C. entendit devoir répondre aux facilités qui lui étaient créées par le Gouvernement Portugais, quand il répondait aux instigations du nonce pontifical à Lisbonne.

Au lieu de se borner à envoyer de suite à l'évêque d'Angola et Congo les missionnaires que le Gouvernement aurait reçus, sous les modestes clauses proposées et acceptées par le Saint-Siége, la S. C., par un décret du 9 septembre 1865, prétend corroborer les résolutions de 1640 et confie à la congrégation du Saint-Esprit et du Saint-Cœur de Marie la mission dite du Congo, *«sub immediata Sanctœ Sedis dependentia et pœservata angolensis prœsulis jurisdictione juxta memoratam instructionem diei 14 Januarii anni 1726»*.

Dans la lettre du 11 septembre ce décret est communiqué au supérieur général des réligieux du Saint-Esprit, aux capucins et au nonce à Lisbonne.

Dans l'avis adressé au premier, la S. C. dit qu'il peut «informer le Gouvernement impérial et solliciter son appui, si besoin est, auprès du cabinet de Lisbonne».

Cela revient à insinuer une intervention amiable, si l'on veut, mais en tous cas absolument étrangère au patron catholique légitime qui avait accédé de si bon cœur à la proposition du représentant du Saint-Siége.

Le Gouvernement Portugais ne reçut pas communication du décret de la S. C. ni de sa mise en execution.

Dans une note du 19 janvier 1866 le représentant de la France à Lisbonne, recommandait au nom de son Gouvernement à la bienveillance du notre, l'abbé Pousset, qu'il disait avoir été désigné pour la charge de vice-préfet de la préfecture apostolique du Congo, que la S. C. de Rome «croyait utile de rétablir et de confier aux prêtres du séminaire du Saint-Esprit, de Paris».

La même note recommandait également les deux missionnaires prêtres Epitalié et Billon, qui devaient accompagner le premier à Saint-Paul de Loanda.

Une autre note de la légation de France, en date du 30 janvier, informait que les trois missionnaires étaient arrivés à Lisbonne et se proposaient de partir pour leur destination.

Dans les deux notes précitées, il était demandé qu'ils fussent bien accueillis, et protégés, en cas de besoin, par nos autorités d'Afrique.

Dans la note du 21 février 1866, adressée à la susdite légation, le Gouvernement Portugais, en déclarant «qu'il se réserve de s'entendre directement avec le Saint-Siége et de provoquer de celui-ci les explications indispensables touchant l'érection, sans l'assentiment préalable du patron, d'une préfecture apostolique dans le Congo, pays soumis à la suzeraineté et au patronage du Portugal», répond dans les termes ci-dessous :

1er Que toujours animé du plus vif désir de favoriser la propagation de la foi dans les régions du patronage, il avait expédié au Gouverneur d'Angola les instructions nécessaires pour que les ecclésiastiques français fussent traités avec tous les égards dûs à leurs positions et à leurs qualités de sujets d'une nation amie.

2° Que relativement à l'exercice des fonctions auxquelles ils étaient destinés, suivant les lois du pays et la pratique observée depuis de longues années, les prêtres étrangers ne pouvaient prêcher la mission sur les territoires du patronage sans la permission préalable du patron et sans prêter obéissance à l'évêque diocésain respectif du même patronage.

Qu'en vertu de ces principes, aucun empêchement ne sera mis à l'exercice de la mission de ces trois ecclésiastiques, et que toute protection lour sera même assurée, dès qu'ils auront reconnu la suprématie du prélat portugais et en auront accepté la juridiction; *mais que tant qu'ils ne se seront pas soumis à cette formalité, ils ne pourront attendre d'autre secours et protection que ceux qui leur sont acquis en leurs qualités de sujets français,* les instructions nécessaires ayant d'ailleurs été données dans ce sens.

Et tout en exposant brièvement ce qui s'était passé en 1854, le Gouvernement Portugais faisait ressortir que la résolution adoptée actuellement à l'égard des missionnaires français n'était que l'application de ce qui avait été convenu avec le Saint-Siége.

17) Dans la lettre du 24 février, le Gouvernement Portugais indique à son ministre à Rome la conduite qu'il devra suivre et qui se trouve retracée dans la note remise le 6 avril au Saint-Siége.

Notre Gouvernement aujourd'hui encore «ne peut moins que de croire que dans la création de la préfecture apostolique au Congo, il n'y a pas la moindre intention de soustraire son territoire à la juridiction de l'évêque d'Angola; il attend de promptes explications dans ce sens, et espère recevoir l'assurance de ce qu'il sera donné aux missionnaires les ordres les plus formels pour qu'ils aient à se conformer «*en tout et pour tout»* aux instructions adressées au gouverneur d'Angola, qui sont irrévocablement les seules moyennant lesquelles leur exercice est consenti et toléré.

Comme il est néammoins exact que par ordre du Saint-Siége il a été constitué dans le Congo une préfecture apostolique séparée de la juridiction de l'évêque d'Angola et Congo, le Gouvernement Pontifical refusant d'accueiller avec bienveillance les réclamations du Gouvernement Portugais, celui-ci, fort de sa dignité de patron protesterait dès lors énergiquement contre cette situation attentatoire de ses droits et de sa suzeraineté.

En dehors de cela, le Gouvernement fait sentir la portée de la conduite arbitraire tenue envers lui, ainsi que les inconvénients et les perturbations que ces faits peuvent apporter au grand œuvre de la propagation de l'évangile en Afrique.

Dans la note du 9 juillet, le ministre portugais s'étonne de ce que sa communication antérieure n'aît pas eu de réponse, et fait remarquer combien celle-ci est urgent, «afin que le Gouvernement Portugais ne se voie pas dans la nécessité, dure mais indispensable, de prendre les mesures dictées par une situation si violente et anormale».

Le Saint-Siége répond le 28 juillet par lettre du cardinal Antonelli. S'excusant du retard apporté à la réponse (comme il l'avait déjà fait verbalement) par la longue attente de renseignements demandés, le Gouvernement Pontifical fait allusion à la création en 1640 de la préfecture du Congo dont il supposait l'existence reconnue par le Gouvernement Portugais par le simple fait de ce que celui-ci avait permis le passage à plusieurs missionnaires capucins, et il expose que les prêtres du Saint-Esprit ayant demandé à continuer en lieu et place des premiers la mission du Congo, «avaient déclaré *se soumettre pleinement au prélat d'Angola, ne voulant se présenter à lui que comme auxiliaires disposés à lui prêter tout le concours de leur zèle;* qu'ils sont les premiers à demander que les droits du prélat restent intacts, et qu'ils ne désirent la subsistance de la préfecture du Congo, qu'autant qu'il y sera observé les conditions de subordination à l'évêque qui ont toujours existé et se trouvent déterminées par le décret du 14 janvier 1726».

Il affirme que la mesure adoptée par le Saint-Siége «bien loin de comporter la création d'une préfecture apostolique, n'a et ne saurait avoir d'autre but que le rétablissement d'une mission»; que la preuve de «l'accord substantiel entre cette mission et les conditions que le Gouvernement Portugais avait en vue en 1854 est que les missionnaires se sont déjà présentés à l'évêque d'Angola pour recevoir de lui la transmission de pouvoirs».

Il ajoute qu'il n'y a aucun motif de crainte pour le patronage royal; que le Saint-Siége «*maintient fermement le sens de l'accord* de 1854, et que par conséquent, en conservant à la dite mission les instructions primitives (?) de 1726, *il n'a pas l'intention de pratiquer un acte en opposition avec le même accord,* ni altérer la juridiction du prélat diocésain d'Angola dans les rapports de subordination des missionnaires à son autorité d'ordinaire».

Il termine en expliquant l'omission de la communication au Gouvernement Portugais, espérant que celui-ci voudra bien considérer cet incident comme entièrement exempt de la moindre idée d'inobservance des justes égards qui lui sont dûs.

Que pourrions-nous désirer de plus, touchant la question particulière et déterminée de nos réclamations?

Il n'était pas créé de préfecture nouvelle, indépendante de nos droits de patron et de la jurisdiction du prélat portugais.

Il s'agissait à peine d'une mission *«substantiellement d'accord avec les conditions de 1854»*, parmi lesquelles il y en avait une qui lui imprimait le caractère de mesure provisoire, sous la sanction et avec l'assentiment du Gouvernement Portugais.

Enfin (et nous avons reservé cette déclaration pour maintenant) il était établi que le Saint-Siége n'hésiterait pas à accueillir toute observation que le Gouvernement Portugais entendrait devoir faire pour un motif juste en matière relative à la mission dont il s'agit.

«Le Gouvernement accepte — dit le ministre portugais, dans sa réponse du 8 octobre —, cette dernière déclaration de Son Eminence le Cardinal Antonelli, comme une reconnaissance du droit qui lui appartient en sa qualité de représentant du patron royal.

«La conduite de la *Propaganda* en envoyant des missionnaires au Congo sans la demande préalable du prélat ou du Gouvernement, sans solliciter ni obtenir l'accord du patron, sans même lui faire part d'une telle mesure, était en vérité si irrégulière, si contraire aux droits de la couronne portugaise et au régime international, qu'elle ne pouvait être approuvée par le Saint-Siége, ni, d'aucune manière, admise comme précédent. Son Eminence le Cardinal Secrétaire se borne avec raison à reproduire l'explication donnée par la *Propaganda,* car il est hors de doute que l'accord préalable avec le Gouvernement pour le rétablissement ou la restauration de missions etrangères, sur n'importe quelle partie du territoire portugais ou soumis au patronage du Portugal, ne pouvait être substitué par la nouvelle directement communiquée au prélat par la *Propaganda.*

«Cette doctrine est tellement vraie, qu'en 1854, alors que la négociation du concordat sur le patronage de l'orient était encore pendante, le nonce apostolique à Lisbonne fit remarquer au négociateur portugais l'avantage qu'il y aurait à rétablir la mission du Congo et sollicita à cet effet l'adhésion du Gouvernement.

«C'était là le chemin qui aurait dû être suivi maintenant, *et ce sera certainement à l'avenir le seul que l'on puisse suivre en pareil cas,* selon ce qu'il faut déduire des termes employés par Son Eminence le Cardinal Secrétaire d'État dans sa note, et dans diverses conversations rapportées dans vos notes ainsi que dans celles de votre prédécesseur.

«Le Gouvernement Portugais désirant, pour sa part, voir se maintenir les meilleurs rapports entre les deux autorités et concourir à la civilisation des peuples africains par la diffusion de la foi n'hésiterait point à entrer dans tout accord du quel il ne doive résulter aucune atteinte à sa juridiction épiscopale et aux droits de la couronne, ni aucun danger pour les intérêts de l'État. Il *reste donc expressément entendu que la tolérance du Gouvernement en permettant pour cette foi le départ, sans son autorisation préalable et absolument nécessaire, des missionnaires français se rendant à Loanda à destination des missions intérieures, ne constitue pas de précédent qui autorise la reproduction de faits semblables, ni n'altère les règles établies et mutuellement reconnues en 1854.»*

Le Gouvernement Portugais fait ensuite allusion à la citation du Saint-Siége, relative aux instructions de la *Propaganda* de 1726, que le Cardinal Antonelli disait «avoir toujours été en vigueur à la satisfaction réciproque et sans réclamation d'aucune espèce».

Il fait observer que des différends s'étant suscités en 1784 entre l'évêque et les missionnaires capucins, le nonce du Saint-Siége avait communiqué au Gouvernement Portugais une lettre de la S. C., en date du 22 janvier, où les abus des missionaires étaient blâmés, et où il était expressément déclaré *qu'ils devaient se trouver en tout sous la dépendance des évêques et des ordinaires respectifs (questi si bramano e vogliono ubbedienti e dependenti in tuto dei vescovi e ordinario locali).*

Ce principe était aussi positivement déterminé dans les conditions de 1854.

Par conséquent et hormis d'autres réserves, maintenues par le Gouvernement Portugais au sujet des instructions de 1726, de quelques phrases dont on pourrait déduire certaines restrictions, sans fondement, opposées à la juridiction et à l'autorité de l'évêque diocésain, ces instructions doivent être considérées comme subordonnées aux termes et à l'esprit de la déclaration de 1784, ainsi qu'aux conditions arrêtées en 185 4.

Du reste, c'est évidemment ainsi, dit la note du 8 octobre 1866, que le Saint-Siége entend ces instructions et que le Gouvernement Portugais enregistre la déclaration du Saint-Siége.

Voilà ce qui s'est passé en 1866 et comment les choses ont été établies et définies, de façon que, au lieu de contrarier, elles confirment entièrement le droit du patronage et la nécessité d'un assentiment et d'une sanction préalables [1].

Il est certain, et loin de le cacher, nous sommes heureux de le témoigner, que le Portugal a consenti, à différentes reprises, que des missionnaires catholiques étrangers, coopérassent avec les siens dans la propagation de l'évangile sur les régions de son patronage.

Mais ces missionnaires ont toujours été admis par concession de la couronne patronale, ou avec son assentiment et sa sanction, et souvent, quand ils formaient une mission spéciale, leur supérieur était nommé par le Roi Portugais, comme le fut, par exemple, en 1778 par le Gouvernement de la Reine D. Maria I, fr. Paulo Antonio de Varezze, préfet des capucins.

Cette coopération des missions étrangères ne saurait d'ailleurs, prendre un développement tel qu'elle puisse faire oublier le grand nombre de celles que le Gouvernement Portugais, de sa propre initiative, a organisées, dotées et envoyées au Congo ou aux territoires limitrophes, ainsi que les efforts qu'il a toujours employés pour satisfaire à ses devoirs de patron.

Ce furent des portugais et des prêtres portugais qui initièrent dans toute l'Afrique, depuis le xve siècle, la propagation de la foi chrétienne, et justement à l'occasion où l'on discutait au parlement de Lisbonne la question de 1865, un jurisconsulte et publiciste distingué rappelait ce qui suit :

[1] Il serait injuste de supposer que l'on ignore à Rome une chose aussi simple, établie depuis des siècles, quand nous voyons que les missionnaires protestants eux-mêmes, n'hésitent pas quelquefois à recourir à l'autorité du Gouvernement Portugais. Tout récemment encore, le 10 juillet 1879, s'adressait de Roma au gouverneur général d'Angola, Thomas J. Comber, *leader of the Congo expedition on behalf of the Baptist missionary Socety,* qui prétendait parcourir en exploration et en mission, avec d'autres compagnons, les territoires entre S. Salvador et le Zaire supérieur *and various parts of the Congo river,* et demandait l'aide et la protection du Portugal, auprès du Roi du Congo et des autres *regulos.* Naturellement, il s'était déjà adressé à ce Roi, puisque celui-ci, le 29 juin de la même année, priait le Gouvernement Portugais de lui indiquer la réponse, qu'il devait faire aux missionnaires anglais. D'ailleurs les faits à l'appui du droit et de l'exercice du patronage portugais sur ces régions, sont plus nombreux encore que les documents qui les définissent et les fixent d'une manière décisive, en condamnant les restrictions et les réserves de la S. C., comme injustes, illogiques et sans fondement.

«A la mission de 1490, succéda en 1508, celle des chanoines de Saint-Jean Evangéliste; en 1521 une autre de la même congrégation; en 1548 celle des jésuites; en 1570 la seconde de l'ordre de Saint-Dominique; en 1584 celle des carmélites déchaussés; en 1610 une autre de Saint-Dominique; en 1647, 1650, 1661 et 1666, celles des capucins; enfin je ne veux point fatiguer la chambre, en lui faisant l'histoire de nos missions, et passant par conséquent au xviiie siècle, j'indiquerai à peine trois missions importantes, celle des *Barbadinhos* en 1778, celle envoyée l'année suivante (1779) par Martinho de Mello e Castro, composée d'André do Couto Godinho, nègre du Congo, bachelier ès-canons, et de vingt et un autres missionnaires; et en 1784 une autre de dix missionnaires organisée par le même ministre. Suivant ensuite jusqu'au xixe siècle, je citerai en 1814 fr. Luiz Maria de Assis, chapelain-major du roi de Congo, D. Garcia, qui y rendit de grands services à la religion, et je ferai mention en 1855, 1856 et 1857 des missions des chanoines de la cathédrale de Loanda, Domingos Pereira da Silva Sardinha, José Tavares da Costa e Moura, et Antonio Firmino da Silva Quelhas; et en 1865 de celle de l'ecclésiastique qui y fut envoyé par l'évêque actuel d'Angola et Congo, D. José Lino de Oliveira…»

A ces missions, nous pourrions en joindre beaucoup d'autres, mais nous ne voulons pas faire l'injustice de supposer que la S. C. ignore ou prétende restreindre ou diminuer la portée des services immenses, des sacrifices considérables rendus par la nation portugaise à la cause de la chrétienté africaine.

*
* *

18) En traitant ensuite particulièrement et sommairement la question du patronage portugais, la S. C. commence par avouer que «c'est un fait historique incontestable que ce patronage s'étendait, il y a quatre siècles sur presque tout le continent africain», et elle ajoute que «le Roi de Portugal avait mérité cette faveur (!) du Saint-Siège — *questo favor* — par son zèle à disséminer la foi et par la générosité avec laquelle il dotait les nouveaux évêchés, etc.»

Ces assertions éxigent déjà nos réserves, attendu que d'abord, le patronage n'est pas une faveur, mais un droit, et qu'ensuite il ne dérive en aucune façon de l'érection des évêchés, car bien au contraire, c'est cette dernière qui émane du patronage.

Dans notre premier *mémorandum,* nous avons fait largement allusion à ce point, qui ne souffre d'ailleurs pas de contestation en présence des textes canoniques et du droit qui règle les rapports des états catholiques avec le Saint-Siége.

«La «générosité» — *generosità* — de la dotation des évêchés, n'est pas non plus et n'a jamais été un titre de patronage.»

Une bulle de Jules II du 15 juin 1505 reconnait expressément l'existence du patronage, quand bien même les ressources financières du patron ne seraient pas suffisantes.

Le titre établi par le concile de Trente est celui de fondation ou de dotation — *ex fondatione vel dotatione* (sess. xxv).

Il faut remarquer, non seulement que le même concile, en abolissant les patronages, qui ne se trouveraient pas dans les circonstances établies par lui, *excepta expressément ceux qui appartenaient aux Rois ou aux possesseurs de royaumes (exceptis aliis quæ ad imperatorem et reges seu regna possidentes, etc.),* mais encore que dans le patronage portugais, reconnu dans toutes nos conquêtes et découvertes d'outremer, par les bulles des 9 janvier 1442, 13 mars 1455, 21 août 1472, 21 juin 1481, 7 juin 1514, la pastorale du 31 mars 1516, l'oracle ou déclaration du 11 octobre 1577, se réunissent ou concourent les titres et la tradition d'une entière légitimité historique et canonique.

19) Et comme la S. C. fait observer que le droit de patronage subsiste même (?) sur l'évêché d'Angola «conformément à la bulle de son érection», nous devons lui faire remarquer que ce n'est point cette bulle qui y a établi ce droit, et que ce dernier ne dérive point de la dite érection, par ce fait bien simple que le droit existait, avait été reconnu et positivement acquis et affirmé bien avant la création du diocèse d'Angola et Congo par rapport aux territoires que le constituèrent.

La S. C. entend que l'on ne peut pas supposer que le Saint-Siége eût renoncé au droit de modifier avec le temps les anciennes bulles relatives au diocèse de Saint-Thomé, d'Angola, etc., que le Gouvernement Portugais invoque, «si les circonstances l'eussent réclamé pour le bien de la religion et des âmes».

Par conséquent elle se propose d'indiquer diverses modifications déterminées par des actes pontificaux.

Nous préférons n'émettre aucune supposition, en continuant à confronter les textes et les faits, avec les suppositions et les hypothèses au moyen desquelles, on prétend restreindre ou invalider les droits que ces textes fixent et définissent d'une façon claire et positive.

Le Saint-Siége pourrait ne pas renoncer au droit que la S. C. prétend faire accroire comme parfait et établli; il est certain pourtant:

1er Qu'aucun document ne peut être indiqué où la réserve de ce droit se trouve désignée.

2° Qu'il ne saurait devenir effectif dans les régions du patronage royal, que moyennant l'accord avec le patron.

Que le patronage portugais ne peut être abrogé sous aucun prétexte et en aucun temps par le Saint-Siége, sans le consentement du Portugal, cela est positivement stipulé en plusieurs documents, notamment les suivants :

La bulle de Jules III, du 25 février 1550 :

«... Illique etiam per Sedem eandem derogari non posse nec derogatum censeri, nisi Joanni Regis et magistri seu administratoris pro tempore existentium prædictorum ad id expressus accedat assensus...»

La bulle de Paul IV, du 4 février 1557 :

«Decernentes jus patronatus hujusmodi Sebastiano, et pro tempore existenti Regi præfato, ex meris fundatione et dotatione, competere, nec illi nullo unquam tempore quacumque ratione derogari posse, et si ei quoquomodo derogetur, derogationem hujusmodi cum inde secutis nullius roboris et efficaciæ fore; necnon irritum et inane si secus super his a quoquam, quavis auctoritate, scienter vel ignoranter, contigerit attentari...»

Une autre de la même date, celle de l'érection de l'évêché de Malaca, qui produit la même affirmation.

La bulle de Grégoire XIII, du 23 janvier 1575 :

«Illique etiam per Sedem prædictam quacumque ratione derogari non posse.»

La bulle de Clément VIII, du 20 mai 1596, de l'eréction du diocèse de Congo :

«... Nec illi ullo unquam tempore quacumque ratione derogari posse, et si ei quoquomodo derogaretur, derogationes hujusmodi cum inde secutis nullius sint roboris et efficaciæ.»

Enfin la bulle du 4 août 1600, etc., etc.

Nous avons déjà cité plus d'une fois la bulle du 31 janvier 1533 qui confirme clairement la doctrine d'où découle que tout démembrement d'un diocèse du patronage, motivé par l'érection d'un autre, exige le consentement du patron.

Nous rappelerons encore la bulle de Paul IV, du 4 février 1557, qui affirme nouvellement que le patronage portugais est perpétuel et subsiste toujours sauf et intact *(salvo et illæso remanente)*.

A la supposition de la S. C. répondent donc les textes pontificaux, en la réfutant absolument.

La S. C. ne cite pas un seul texte qui justifie ou corrobore son hypothèse.

Elle objecte cependant que dans l'immense région «una volta» (?) dépendant des évêchés portugais du Cap-Vert et de Saint-Thomé, différentes circonscriptions ont été créées.

Elle ne cite pas de documents à l'appui de son assertion, mais nous l'en dispensons, et nous nous abstiendrons même de contester le fait, qui ne peut d'ailleurs qu'ajouter à la justice et au bien-fondé des réclamations du Portugal contre les violations de son droit, et augmenter notre désir de voir régulariser le présent état de choses dans l'intérêt de la propagation de l'évangile en Afrique.

Ce qui est indubitable c'est que le patronage portugais, à la face des principes et documents de droit constitué, ne peut être restreint, diminué, abrogé ou démembré que par accord intervenu entre le Saint-Siége et le Portugal ; *et que le Gouvernement et l'évêque diocésain portugais, ne peuvent, par devoir d'honneur et de foi, reconnaître d'autre situation* que celle créée par les diplômes que nous avons cités.

20) La S. C. ajoute que «le droit du patronage n'était accordé qu'en raison des dotations *(in ragione delle dotazioni)* accordées par le Gouvernement Portugais aux nouveaux évêchés érigés à sa demande.»

C'est là une erreur que la citation même de la bulle du 25 février 1550, *(Super specula)* qu'elle prend pour base, réfute par la phrase *ex meris fundatione et dotatione competere.*

Nous avons déjà vu, d'ailleurs, que le droit de patronage à peine confirmé ou reconnu dans les nouveaux diocèses à mesure qu'ils étaient créés, l'avait déjà été antérieurement par rapport aux territoires où ils étaient formés.

Le titre défini par le concile de Trente était, nous l'avons déjà vu, celui de fondation ou de dotation *(fundatione vel dotatione)* pour tous les patronages, hormis pour ceux des Rois, qui subsistaient intégralement, comme nous l'avons également rappelé.

Mais la S. C. ne reconnaît-elle pas que c'est le Portugal qui *fonda* les diocèses de son patronage africain ?

Peut-elle nier qu'il les a *dotés* et *les dote encore?*

Nos évêchés du Cap-Vert, de Saint-Thomé, et d'Angola et Congo ont-ils cessé d'exister et de recevoir la dotation que leur fait régulièrement le Gouvernement Portugais ?

La S. C. veut faire accroire que le Portugal ne pourrait ni voudrait doter les nombreuses missions fondées dans les divers pays d'Afrique.

Nous pourrions objecter qu'il ne nous semble point logique ni raisonnable de restreindre tellement le principe de la dotation, relativement au patronage d'une souveraineté temporelle, que l'on prétende annuller ce principe sous prétexte de l'absence de dotation (non sollicitée) à l'égard de toutes les missions ou de tous les missionnaires que la S. C. entreprenne d'envoyer en Afrique *sans l'assentiment du patron.*

Nous nous bornerons à faire remarquer que la dotation des évêchés portugais étant établie par les seules autorités compétentes pour la fixer, les prélats auxquels incombe l'appréciation des besoins spirituels peuvent toujours solliciter du Gouvernement les ressources qu'ils croient indispensables pour satisfaire à ces besoins.

Et nous rappelerons de nouveaux que les textes pontificaux prévoient le cas où le patronage se trouverait dans l'impossibilité de faire face à ses charges, et qu'ils établissent non point que le patron soit, par ce fait, privé de ses droits, mais bien au contraire qu'il soit secouru dans ses besoins.

Le Portugal fournit annuellement, comme on le sait, des sommes considérables destinées à venir en aide à l'œuvre de la propagation de la foi dans les diverses parties du monde.

21) Et comme après avoir fait allusion au défaut réel ou supposé de ressources nécessaires pour doter toutes les missions africaines, la S. C. fait observer que le Portugal manque également d'ouvriers apostoliques pour aller exercer et peupler ces missions, nous dirons que l'absence de missionnaires n'a pas exclusivement lieu en Portugal.

La S. C. le sait bien, et elle en a eu encore la preuve en 1855, quand elle n'a pu, elle-même, envoyer en Afrique les ecclésiastiques sollicités par l'évêque d'Angola et Congo.

Ce manque de missionnaires n'est pas d'ailleurs nouveau, car il était déjà constaté dans les derniers siècles. Toutefois, il est certain que le Portugal s'est efforcé d'y remédier, et actuellement même il s'occupe d'organiser les moyens convenables pour obvier à cet état de choses et préparer une bonne milice de missionnaires.

Ce n'est pas d'ailleurs la faute du Gouvernement Portugais, si la S. C. n'a pas voulu profiter de ses concessions, et envoyer aux régions africaines des missionnaires, qui sans offense des droits du patronage et dans une situation légale vis-à-vis l'évêque diocésain, puissent y prêcher l'évangile.

Lorsqu'en 1855 il fut autorisé, comme nous l'avons déjà vu, que le Saint-Siége envoyât quelques dizaines de missionnaires à Angola et Congo, la S. C. ne put les obtenir, ou refusa de les faire partir, et tandis que le Gouvernement Portugais acheminait avec ardeur des missionnaires portugais vers le Congo, la S. C. y envoyait seulement dix ans plus tard trois religieux français sans aviser préalablement le patron légitime et dans le ferme propos de reconstituer une circonscription spéciale nommée préfecture du Congo.

Le Gouvernement Portugais a fait instruire un grand nombre de missionnaires qu'il a dirigés sur l'Afrique, et la S. C. ne saurait méconnaître les services qu'ils ont rendus.

En ce qui concerne la situation présente du diocèse de Saint-Thomé, les informations de la S. C. ne sont pas absolument exactes, et quant à la formation d'un clergé indigène, nous ne croyons pas qu'on puisse invoquer contre le patronage, les efforts que le Portugal a réellement employés dans ce sens, depuis des siècles.

Du reste, ces questions ne se rattachent pas directement à l'affaire qui nous occupe, et de laquelle nous ne désirons point nous détourner.

22) La S. C. objecte encore que si nos arguments pouvaient prévaloir, le patronage portugais s'appliquerait non seulement aux territoires des missions dites du Congo et de la Cimbébasie, mais aussi aux autres, telles que celles des îles Bourbon et Maurice, etc., et que d'ailleurs les puissances européennes ne permettraient certainement pas l'exercice de ce patronage.

L'étendue du patronage portugais est connue et se trouve définie depuis des siècles, et elle n'a soulevé ni objection ni réclamation légitime. Le Portugal n'a donc à s'entendre à ce sujet, qu'avec le Saint-Siége.

On ne comprend même pas comment pareille objection peut être produite par la S. C., en présence du droit et des faits constatés.

Ce droit n'est ignoré de personne; nous l'avons déjà exposé et la S. C. le connait mieux que qui que soit, elle qui dans sa décision du 9 novembre 1626 a reconnu que notre patronage s'exerçait bien au-delà de notre domination temporelle.

Les faits confirment entièrement notre droit. Le patronage portugais s'est toujours exercé et s'exerce encore aujourd'hui sur beaucoup de territoires étrangers à sa domination ou sujets à la souveraineté des autres nations. Il suffit de rappeller ce qui se passe dans les Indes. Aucune altération ne peut d'ailleurs s'effectuer sans accord préalable entre le Portugal et le Saint-Siége.

23) Dans la troisième partie de ses observations, la S. C. se propose de discuter, non plus la question du patronage portugais, mais bien les droits et l'étendue de la souveraineté politique du Portugal sur la côte occidentale de l'Afrique.

Il nous serait extrêmément facile de prouver que l'examen que la S. C. s'est crûe autorisée à faire, en une matière absolument étrangère à la question pendante et à la compétence de la dite institution, loin d'être plus juste et plus exact, est également superficiel et erroné.

Les faits indiqués par elle sont positivement mal connus et mal interpretés; l'article cité, que le *Bulletin de la société de géographie* de Paris a publié sous le titre de *La Guiné indépendante,* article écrit par Mr. Charles de Rourre, n'a ni autorité ni importance sous aucun point de vue.

C'est un écrit insignifiant, plein d'inexactitudes, qui révèle une complète ignorance des faits les plus élémentaires, et qui, aussitôt publié, a subi la correction indispensable dans le *Bulletin de la société de géographie* de Lisbonne.

Les droits portugais du Congo et sur les territoires au nord, sont exposés, démontrés et établis dans de nombreuses publications autorisées et importantes. Ils l'ont encore été, tout récemment, dans le *memorandum* de la société de géographie de Lisbonne, intitulé *Question du Zaire, Droits du Portugal.*

Néanmoins, jamais le Saint-Siége n'a contesté ces droits, et la dignité du Gouvernement Portugais, ainsi que le caractère particulier de cette question, imposent à ce Gouvernement le devoir de se borner à repousser entièrement sur ce point les allégations de la S. C. et à n'admettre aucune discussion au sujet de ce fait positif et irréfutable; à savoir: que les limites de la province d'Angola, du côté du littoral, sont, au N. le parallèle 5° 12′ S. et au S. le parallèle 18°

En résumé, nous dirons que le Gouvernement Portugais continue à réclamer contre la création des circonscriptions auxquelles se rapporte le premier *memorandum,* ainsi que contre toutes celles qui aient été et seraient décrétées dans l'Afrique équatoriale, sans l'assentiment, l'accord préalable et la sanction du patronage portugais, comme étant contraires aux droits du même patronage et portant atteinte à son action légitime et traditionnelle.

En assurant de nouveau ses désirs constants et manifestes de conserver et développer la glorieuse mission de patron qu'il a pu conquérir, au prix des plus grands sacrifices, le Gouvernement Portugais manquerait à ses devoirs et au respect affectueux qu'il a toujours eu pour le Saint-Siége et pour l'autorité suprême de l'Église Catholique, s'il ne réclamait point énergiquement contre la violation connue et continuée du droit établi entre le Portugal et la cour de Rome, violation qui, en dehors de tout, peut apporter les plus graves troubles à la propagation de l'évangile et de la civilisation en Afrique.

Lisbonne, le 1 mars 1883.

Note

L'élaboration de ces deux mémoires a été confiée par le Gouvernement Portugais à la commission des missions portugaises d'outremer. Le ministre respectif et la commission ont chargé de leur rédaction Mr. Luciano Cordeiro, secrétaire-rapporteur, qui s'est empressé d'accéder à leurs désirs. Son travail a été adopté par la même commission, qui l'a presenté au Gouvernement.

9 782012 487826